18
17
16
15
14
13
12
11
10
9
8
7
6
5
4
3
2
1
0

DON BOSCO
VERLAG

schlau Mutz & Fux

Maria Förster

Don Bosco

Tier forscher

Was Kinder wissen wollen

Bildung fängt im Kindergarten an.

Bibliografische Information der Deutschen Bibliothek

Die Deutsche Bibliothek verzeichnet diese Publikation in der Deutschen Nationalbibliografie; detaillierte bibliografische Daten sind im Internet über http://dnb.ddb.de abrufbar.

1. Auflage 2003 / ISBN 3-7698-1408-8

Umschlag und Illustrationen: Margret Russer
Fotos: Maria Förster
Notensatz: Nikolaus Veeser, Schallstadt
Satz: undercover, Augsburg
Produktion: Don Bosco Grafischer Betrieb, Ensdorf

Gedruckt auf umweltfreundlichem Papier

Inhalt

Bildung – sich ein Bild von der Welt machen

Das Erstaunen ist der Beginn der Naturwissenschaften
Aristoteles

In der Kindheit werden die Weichen für den weiteren Lebensweg gestellt. Deshalb ist es besonders wichtig, welches Bild von der Welt das Kind in sich aufbaut. Dies entscheidet darüber, mit welchen Augen das Kind die Dinge sieht, mit denen es zusammenlebt, in Berührung kommt, sich auseinander setzen muss, wie es darüber denkt, wie es empfindet, wie es sich verhält, ob es selbstbewusst und voll Vertrauen in die eigenen Kräfte, mit Offenheit und Toleranz anderen gegenüber durchs Leben geht.
Wenn ein Kind geboren wird, dann sagt man auch „Ein Kind kommt zur Welt". Sorgen wir dafür, dass dieses Kind Lust auf Leben bekommt und die Welt mit all seinen Sinnen erleben und begreifen kann. Wir müssen die Kinder ernst nehmen mit all ihren Interessen, ihren Fragen und Problemen, ihrem Reden und Tun, denn das Kind macht sich ein Bild von der Welt, in der es lebt, ein Bild von sich selbst, von den anderen, von den Dingen. Das Kind kann also nicht gebildet werden – es bildet sich selbst, indem es die Welt wahrnimmt, mit ihr in Verbindung tritt und Beziehungen aufbaut: Beziehungen zu Dingen, Pflanzen, Tieren und Menschen. Ein Kind ist von Natur aus neugierig, wissbegierig und ständig auf Entdeckungsreise. Es bildet sich, d. h. es lernt mit Lust und Freude. Wir haben im Kindergarten die Chance, die Interessen der Kinder zu sehen und aufzugreifen.
Kinder interessiert die Welt, in der sie leben. Sie haben noch einen Blick auch für die kleinsten Dinge. Ihre Aufmerksamkeit richtet sich auf alles,

was sich um sie herum bewegt – sei es eine Fliege, eine Kellerassel, ein Ohrenzwicker, ein Käfer, eine Spinne oder ein Regenwurm. Sogar die kleinste Ameise wird zum Mittelpunkt und zieht die Kinder magisch an. Staunend beobachten sie und sind oft stundenlang mit dem emsigen Tun der Tiere beschäftigt.

Kinder haben einen Erkenntnisdrang. Sie brauchen den Umgang mit den Dingen, sie müssen sie begreifen, mit all ihren Sinnen wahrnehmen, denn mit ihren Sinnen erspüren sie die Welt. Wahrnehmen heißt einer Sache Aufmerksamkeit schenken, sich damit beschäftigen. Dabei werden die Sinne zu Forschungswerkzeugen, die helfen, Welterfahrungen zu machen, selbst Zusammenhänge zu entdecken, unsere Welt zu verstehen. Das Kind baut in sich ein Bild von der Welt auf.

Kinder haben das Bedürfnis alles, was ihre Augen sehen, auch zu berühren, zu begreifen. Sehen – berühren – begreifen, das sind wichtige Faktoren eines Lernprozesses, besonders bei Kindern sehr ausgeprägt, denn Kinder sind aktive Lerner.

Mit Tieren leben

Haus und Hof sind Lebensräume nicht nur für Menschen, sondern auch für Tiere. Auch Gärten, Grünanlagen oder Tierparks beherbergen eine artenreiche Tierwelt. Erfahrungen mit Tieren können also nicht nur im ländlichen Bereich gemacht werden: Denn überall gibt es Fliegen, Käfer, Ameisen, Regenwürmer und evtl. einen Platz, um Hühner, Hasen oder sogar Minischweine zu halten.

Ob Ferien auf dem Bauernhof, Ausflug in den Zoo, Meerschweinchen im Kinderzimmer, Aquarium im Wohnzimmer, Wespen in der Limonade: Kinder begegnen Tiere an vielen Orten, teils mit Liebe und Hingabe, teils mit Vorsicht und Angst.

Kinder gehen ganz natürlich und liebevoll mit den kleinen Lebewesen um. Käfern Wohnungen aus Erde und Blättern einrichten, einen Marienkäfer, der vergebens versucht durch die Fensterscheibe zu gelangen, ins Freie bringen und auf ein Blatt setzen, Fliegen in Kistchen oder Würmer in Eimer sammeln: Bei all diesen Tätigkeiten kommt die liebevolle Fürsorge zum Ausdruck.
„Igitt, eine Spinne!“, so reagieren meist nur die Erwachsenen. Auch Hektik und Angst beim Auftauchen von Wespen übertragen sie oft auf die Kinder, was nicht heißen soll, dass gewisse Verhaltensregeln nicht beachtet werden müssen.
Kinder nehmen Tiere wahr, d.h. sie widmen ihnen Aufmerksamkeit, sie zeigen Interesse an ihrem Leben. So ist es wichtig, die Kinder für die Natur und deren Lebewesen zu sensibilisieren, damit sie die Schöpfung achten und wertschätzen.

Ich schütze nur, was ich liebe.
Ich liebe nur, was ich kenne.
Ich kenne nur, was ich wahrnehme.
Ich nehme nur wahr, was eine Bedeutung für mich hat,
… und diese Bedeutung vermitteln Erwachsene den Kindern.
R. Knauer und P. Brandt

Finden Tiere im Kindergarten ein Zuhause, werden sie schnell zu Weggefährten, Begleitern und Freunden. Die Kinder versorgen, pflegen, beschützen sie, eignen sich gern Wissen über ihre Lebensgewohnheiten an. Auf diese Weise machen sie ganzheitliche Erfahrungen mit Tieren.
Die Bibel bezeichnet die Tiere als Mitgeschöpfe des Menschen. Sie teilen sich die Lebensräume Luft, Wasser und Land und stehen unter dem Segen

Gottes. Um das eigene Überleben zu sichern, muss der Mensch im Einklang mit der Natur leben, sich seiner Verantwortung für die Tiere bewusst werden und sie nicht nur als Nutztiere sehen, sondern als fühlende Wesen. Bei Haustieren entsteht oft eine sehr enge Bindung zwischen Mensch und Tier. Besonders für Kinder oder ältere Menschen sind Tiere Ansprechpartner und daher ist die gefühlsmäßige Beziehung sehr intensiv.

Bei der Planung der Tierhaltung im Kindergarten müssen die Wünsche der Kinder mit den Bedürfnissen der Tiere, den räumlichen Verhältnissen und den Alltagsbedingungen abgestimmt werden.

- Welches Tier kommt für uns in Frage?
- Was müssen wir anschaffen evtl. bauen?
- Können wir ein Tier finanzieren? Ist der Unterhalt gewährleistet?
- Was ist, wenn ein Tier krank wird oder stirbt?
- Was ist, wenn Nachwuchs kommt? Wollen wir überhaupt Nachwuchs?
- Wie wird das Tier zahm? Wie gehe ich mit dem Tier um?
- Welche Bedürfnisse hat das Tier?
- Lebt das Tier allein oder in der Rotte?
- Wird das Tier auch am Wochenende und in den Ferien versorgt?
- Was ist, wenn Kinder allergisch reagieren?
- Haben wir einen Tierarzt in der Nähe?
- Haben wir Kontakt zu Züchtern, Bauernhöfen, Kleintierzuchtvereinen, zum Bund Naturschutz?

Die nachfolgende Tabelle zeigt einige Erfahrungen auf, die den Umgang mit Tieren bestimmen.

Ausführliche Informationen hierzu enthält die Diplomarbeit von Anette Bull, die unter www.tu-berlin.de/umweltbildung *Anstiftung zur Arbeit mit Tieren* aufgerufen werden kann.

Alter des Kindes	Kind-Tier-Kontakt	Aktionen und Themen	Rolle der Erwachsenen und der älteren Kinder
Bis 18 Monate	▪ Tiere faszinieren Kinder und regen diese zum Fühlen, Riechen, Hören an ▪ zwischen lebendigen und „künstlichen" Tieren wird noch nicht bewusst unterschieden	▪ Tiere anschauen, fühlen lassen, Laute nachahmen ▪ begrenztes Einbeziehen in Pflege, weil Kinder alles in den Mund stecken	▪ Kontakte zwischen Kind und Tier herstellen durch Hinführen, Halten des Tieres ▪ Schutz der Tiere vor ungeschickten Kinderhänden ▪ Schutz des Kindes vor Verletzungen
Ab zwei Jahren	▪ Kinder entdecken sich und Tiere ▪ sie benennen, was sie beobachten und entdecken ▪ sie begreifen die Bedürfnisse und Eigenheiten der Tiere	▪ zum Benennen und Vergleichen der Tiere anregen (Was macht das Schwein? – Das machst du auch gerne, oder?) ▪ gemeinsames Pflegen der Tiere mit Begründung und Ankündigung der einzelnen Schritte (Wir schneiden Möhren, weil unser alter Ziegenbock Theo sie sonst nicht kauen kann)	▪ selbstständige Kontakte mit dem Tier unter Aufsicht ermöglichen ▪ Organisieren, Einteilen und Anregen der einzelnen Schritte zur Pflege der Tiere ▪ Tierverhalten erklären ▪ Schutz der Tiere vor unüberlegten Handlungen der Kinder wie zu viel Streicheln und Bedrängen

Vorschulalter	■ Kinder entwickeln Vorlieben und Abneigungen zu bestimmten Tieren und können diese beschreiben und begründen ■ sie reflektieren ihre Beobachtungen und suchen nach Antworten auf ihre Fragen ■ Kinder vergleichen Tiere mit sich selbst und beginnen auf das Tier bezogen zu handeln	■ Reflektieren von Lebensthemen wie Geburt, Krankheit, Tod aber auch von Gefühlen ■ Gespräche über das Zusammenspiel des Lebens auf der Erde ■ Verantwortung zur Pflege an die Kinder abgeben, aber immer noch kontrollieren ■ Kinder können Patenschaften für einzelne Tiere übernehmen, wenn sie das Gefühl haben, etwas „Eigenes" zu brauchen	■ Kontrolle der Versorgung und Pflege der Tiere ■ eigenes Wissen erweitern, um Fragen der Kinder beantworten zu können ■ Kinder bei schwierigen emotionalen Erlebnissen wie Trauer, Abschied, Streit um ein Tier begleiten
Grundschulalter	■ Kinder können einzeln oder als Arbeitsgruppe eigenverantwortlich zur Futterbeschaffung und Pflege angeregt werden ■ sie lieben es, bei den Tieren nochmals schwach und klein zu sein, zu spielen und Gefühle zu zeigen ■ sie sind aber auch sehr stolz, wenn sie neuen und jüngeren Kindern ihre „Arbeit" erklären und sie anlernen dürfen	■ Besuche in anderen Einrichtungen mit Tieren ■ Verbesserungsmöglichkeiten zur eigenen Tierhaltung suchen ■ Aufstellen von Plänen zur Einarbeitung von „neuen" oder „unwissenden" Eltern ■ Zuchtpläne erstellen, Tiere auf Ausstellungen präsentieren ■ Planen und Bauen von Ställen oder Häuschen für die Tiere	■ Verantwortung für die Tiere an die Kinder abgeben ■ Zeit zum unbeobachteten Kontakt mit den Tieren geben ■ Vermittlung von Kontakten zu anderen Einrichtungen und Organisationen mit Tieren ■ den Abschied vom Hort und den damit verbundenen Abschied von den Tieren ansprechen und Übergänge suchen

Weitere Kontakte und Informationen:

Anette Bull, Diplom Pädagogin
Schwerpunkt: Tiergestützte Pädagogik und Therapiebegleitung
chinibull@t-online.de

Leben mit Tieren e.V., Teltowkanalstraße 1, 12247 Berlin
Tel. (030) 76941092
www.lebenmittieren.de, info@lebenmittieren.de

Bund der Jugendfarmen und Aktivspielplätze e.V.
Haldenwies 14, 70567 Stuttgart
Tel. (0711) 6872302
www.bdja.org, bdja@bdja.org

Institut für soziales Lernen mit Tieren
Ingrid Stephan-Grohganz
Am Ibsinger Berg 1, 30900 Wedemark
Tel. (05130) 40326
Fax (05130) 3130
Info@lernen-mit-tieren.de, www.lernen-mit-tieren.de
Erste berufsbegleitende Weiterbildung zur tiergestützten Pädagogik und Therapie.

www.perlboot.de

Literaturtipps:

Albert, Christine: Lernwerkstatt Kinder. Luchterhand Verlag, Neuwied 2002

Elschenbroich, Donata: Weltwissen der Siebenjährigen. Kunstmann Verlag, München 2001

Mikrokosmos – die Welt der Insekten. Dokumentarfilm (77 Min). Medienzentrale

Mittendrin, 22 Tiere – ein Bauernhof mit artgerechter Tierhaltung. Kurzfilm (25 Min). Medienzentrale

Tiere sind Weggefährten unserer Kinder. Welt des Kindes 6/2000

Umweltbeauftragte der bayerischen Diözesen. Herr, du liebst Mensch und Tier. Arbeitshilfe

Gesetzliche und rechtliche Grundlagen

Tierschutzgesetz

Am 17. Mai 2002 stimmte der Bundestag mehrheitlich für die Aufnahme des Tierschutzes ins Grundgesetz. Der Bundesrat stimmte dieser Entscheidung am 21. Juni 2002 zu. Die Änderung des Grundgesetzes, Ergänzung des Artikels 20 a um die drei Worte „und die Tiere“, wurde am 1. August 2002 rechtswirksam (Bundesdrucksache 14/8860).
Oberstes Gebot des Tierschutzgesetzes ist die Achtung vor den Tieren und der artgerechte Umgang mit ihnen. Doch die Wirklichkeit sieht in der heutigen Zeit etwas anders aus: Tiertransporte, in denen Kühe zusammengepfercht und ohne Wasser und Nahrung tagelang unterwegs sind, Legebatterien oder Tierversuche. Im Juli 2002 wurde der Tierschutz ins Grundgesetz aufgenommen. Seitdem ist zumindest das betäubungslose Schlachten der Tiere untersagt. Somit ist es besonders wichtig, schon in frühen Jahren bei den Kindern Verantwortung, Mitgefühl und Wertschätzung für Tiere zu entwickeln.
Im Hinblick auf die ganzheitliche Erziehung sind im Rahmen des BayKiG verschiedene Teilbereiche zu beachten:

- Ziel des § 7 *Erziehung zu Umwelt- und Naturverständnis* ist es, das Interesse des Kindes an der Umwelt und der Natur zu wecken und zu fördern. Das Kind soll hierbei z. B. eine Beziehung zu Pflanzen und Tieren aufbauen.
  Umwelterziehung beinhaltet immer ein Werteempfinden des Menschen sich selbst und seinen Mitgeschöpfen gegenüber. Kinder sollen ihre Fähigkeit des Staunens und Freuens selbst über die kleinsten Lebewesen erhalten und sie vertiefen. Es gilt daher, ein Verständnis für eine zwar kompliziert verwobene, aber in sich zusammenhängende Lebenswelt zu

fördern. Die Ziele der Umwelterziehung lassen sich in besonders geeigneter Weise über die Projektmethode umsetzen.

- § 20 *Verhütung übertragbarer Krankheiten* und § 21 *Weitere Vorschriften der Gesundheitsfürsorge* erläutern die Bestimmungen über Tier- und Pflanzenhaltung. Grundsätzlich dürfen im Kindergarten keine Tiere gehalten werden. Ausnahmen gelten für:
  - Fische in Aquarien (§ 20 Nr. 5a 4. DVBayKiG)
  - Sittiche und Papageien, wenn diese entsprechend den geltenden Einfuhrbestimmungen untersucht wurden (§ 20 Nr. 5b 4. DVBayKiG)
  - solche Tiere, gegen deren Haltung das Gesundheitsamt keine Einwendungen erhebt.

Das bedeutet, dass im Einzelfall ein Antrag auf Genehmigung der Haltung eines bestimmten Tieres im Kindergarten beim Gesundheitsamt zu stellen ist. Auf keinen Fall dürfen Tiere in Schlaf- und Wirtschaftsräumen gehalten werden. (aus: Kindertageseinrichtungen in Bayern – Verordnung über die Rahmenpläne für anerkannte Kindergärten, 4. DVBayKiG, Carl Link Verlag)

Nach Auskunft des Gesundheitsamtes steht der Haltung von Hasen oder Minischweinen nichts im Wege, sofern diese im kleinen Rahmen stattfindet, die Tiere artgerecht leben können und unter tierärztlicher Aufsicht stehen sowie alle nötigen Impfungen vorhanden sind, um Krankheitsübertragungen vorzubeugen. Empfehlenswert ist es, Informationen über die Haltung beim zuständigen Veterinäramt einzuholen.

Wer haftet bei Unfällen?

Im Normalfall sind alle pädagogisch begründeten Aktivitäten über die Unfallversicherung abgedeckt. Trotzdem sollte das Halten von Tieren erst nach Absprache mit dem Träger und nach Tetanus-Impfungen der Kinder erfolgen. Über Verletzungen und kleine Bisswunden sollten die Eltern unverzüglich informiert werden.

Leitlinien zur Tierhaltung

- Bei der Aufnahme der Kinder in die Einrichtung müssen die Eltern über Art und Umfang der Tierhaltung und Tierkontakte aufgeklärt werden. Das gilt auch bei der Anschaffung neuer Tiere.
- Die Versorgung der Tiere muss auch am Wochenende und in den Ferien stattfinden.
- Die Übernahme der Kosten, wie Tierarztrechnungen, Rechnungen für Futter- und Stallmittel, muss geklärt werden.
- Ein Verantwortlicher für die regelmäßige Pflege und Reinigung sollte benannt werden.
- Bei Bedarf müssen Tiere von einem Tierarzt oder dem Veterinäramt betreut werden.
- Stirbt eines unter den gehaltenen Tieren ohne klare Ursache sollte ein Tierarzt oder das Veterinäramt eingeschaltet werden.
- Kinder müssen beim Umgang mit Tieren angeleitet werden.
- Tiere dürfen nicht geküsst werden.
- Nach dem Tierkontakt müssen die Hände sorgfältig gewaschen werden.
- Nahrungsmittel und Tierfutter sind räumlich getrennt aufzubewahren.
- Tiere sollen im Außenbereich gehalten werden (Allergien).

(aus: © Pulz/Suchenwirth, Niedersächsisches Landesgesundheitsamt [NLGA])

Weitere Informationen

www.tierschutz.de

Kinder bestimmen die Richtung – offene Planung

Offene Planung ermöglicht – und schreibt nicht fest. Sie ist Ausdruck eines intensiven Dialoges und gemeinsamen Lernens zwischen Kindern und Erwachsenen. Offene Planung teilt Zeit nicht zu, sondern nutzt sie als „Schatz“, nämlich Erlebenszeit zu werden.
Erika Kazemi-Veisari

Offen sein heißt nicht nur „etwas offen halten“. Offen sein ist auch eine „Haltung“, d. h. sich selbst öffnen für die Belange der Kinder und Eltern und einen Einblick in das pädagogische Konzept gewähren.
Offenheit in der Beziehung zwischen Kindern, Erzieherinnen und Eltern trägt wesentlich zu einer Atmosphäre bei, in der sich alle Beteiligten gegenseitig akzeptieren und wohl fühlen. Fühlt sich ein Kind wohl, so stärkt dies seine Selbstsicherheit und seinen Selbstfindungsprozess. Ein gewichtiger Faktor ist dabei die offene Planung.
Am Anfang der Planung steht immer eine Idee, ein Erlebnis, ein Bedürfnis der Kinder. Die darauf folgende Planung ist offen, d. h. der Weg ist nicht vorgezeichnet. Er entwickelt und richtet sich nach den aktuellen Interessen und den Kompetenzen der Kinder. Voraussetzung dafür ist wiederum die Beobachtung. Beobachtung heißt über die Kinder etwas erfahren: Womit beschäftigen sie sich zur Zeit, wo brauchen sie Unterstützung, wo können sie autonom handeln, was ist ihnen wichtig. Erzieherinnen müssen flexibel sein und auf die individuellen Bedürfnisse reagieren, Ideen und Interessen aufgreifen, den Gedanken der Kinder folgen.

Laut Janusz Korczak haben die Kinder ein Recht auf den heutigen Tag, ein Recht auf Liebe, Zuwendung, Anregung, ein Recht darauf, so zu sein, wie sie sind, angenommen zu sein mit allen Stärken und Schwächen. Aufgabe der

Erzieherin ist in erster Linie die Begleitung und Unterstützung der Kinder. Kein Lehrplan hindert sie daran, den Interessen der Kinder zu folgen und sie auf ihrem individuellen Weg zu begleiten.
Kinder gehen nicht immer den Weg, den Erwachsene erwarten. Kinder sind kompetente, denkende, handelnde Wesen, die selbst tätig werden und Lösungen finden wollen. So gestalten sie partizipierend den Kindergartenalltag mit. Die Vollversammlung im Morgenkreis, Kinderparlament, Schlusskreis oder Kinderkonferenz sind Orte, an denen Kinder demokratische Erfahrungen machen. Hier fühlen sich Kinder verstanden und ernst genommen in ihren Fragen, Anliegen, Problemen und allem, was sie bewegt.
Offene Planung heißt nicht: für die Kinder – sondern mit den Kindern. Denn beteiligte Kinder sind glückliche Kinder.

Offene Planung heißt etwas vorbereiten und Kinder bestimmen dabei die Richtung. Folgende Prinzipien sollten deshalb Beachtung finden:

- Durch Partizipation selbstbestimmtes Handeln zulassen
- Kein Rezept anbieten
- Kinder selbst Lösungen finden lassen
- Ausprobieren lassen
- Fehler machen dürfen
- Eigeninitiative unterstützen
- Mittel zur Verfügung stellen
- Sicherheit und Orientierung geben durch Begleitung und Unterstützung
- Auffordernde Atmosphäre schaffen
- Räume, die zum Beleben auffordern
- Material, das Erfahrungs- und Gestaltungsprozesse zulässt
- Weg und Richtung können sich ändern

Literaturtipps:

Kazemi-Veisari, Erika: Offene Planung im Kindergarten. Ideen und Hilfen. Herder Verlag, Freiburg 1998

Knauer, Reingard / Brandt, Petra: Kinder können mitentscheiden. Luchterhand Verlag, Neuwied 1998

Erlebnisorientiertes Lernen

Kinder haben ein ständiges Bedürfnis nach Bewegung. Schon Säuglinge machen durch Strampeln erste Körpererfahrungen. Kleinkinder, sobald sie krabbeln können, gehen selbstständig auf Entdeckungsreise, ohne dazu von außen motiviert zu werden. Zur Freude an der Fortbewegung kommt die Lust auf Ausprobieren und Erkunden. Kinder entwickeln Eigeninitiative, Kreativität, erfahren Grenzen, entdecken Stärken. Sie gebrauchen all ihre Sinne zum Begreifen der Dinge. Sie lernen durch Handeln und Tun, indem sie ihr Spiel selbst gestalten.

Kinder spielen mit Lust und Freude um des Spielens willen und nicht um ein Ergebnis zu erzielen und setzen sich dabei mit ihrer Umwelt auseinander. Deswegen benötigen sie eine anregende Umwelt, die zum Entdecken, Forschen und Experimentieren herausfordert und ihre körperliche, geistige und seelische Entwicklung gleichermaßen unterstützt. Räume und Außengelände werden zum Erfahrungsfeld. Sie müssen die Kinder zum „Selbsttätig-Werden“ herausfordern, um unserer heutigen Gesellschaft mit zunehmender Konsumorientierung, Verplanung, Überbehütung auf der einen Seite und Vernachlässigung auf der anderen Seite entgegenzuwirken. Es werden immer die Interessen der Kinder berücksichtigt. Jeder Tag bietet eine Fülle von Erlebnissen. Es müssen keine großen, für die Kinder arrangierten Abenteuer sein. Meist sind es die alltäglichen Kleinigkeiten, die die Aufmerksamkeit der Kinder auf sich ziehen.

Welt entdecken und erleben,
manchmal auch in Träumen schweben.
Pläne schmieden, schaffen, bauen,
auf Bäume klettern, sich was trauen.
Freunde treffen, dreckig machen,
spielen mit den alten Sachen.
Welt erobern, Stück für Stück,
ist der Kinder größtes Glück!
Maria Förster

Es geht nicht darum, den Kindern etwas beizubringen. Kinder lernen in der Lebenswirklichkeit durch selbstständige Aktivitäten. Sie setzen von sich aus Bildungsprozesse in Gang, regen sich untereinander an, bilden Interessengruppen, informieren sich gegenseitig, entwickeln Ideen für die Lösung eines Problems. Ideen haben die Kinder nur, wenn sie gefordert werden und die Lösungen nicht vorgegeben sind. Kinder erschließen sich ihre Themen selbst, beantworten sich selbst Fragen durch Ausprobieren, lernen von Fachleuten durch Befragungen, Zuschauen und Mittun und durch ständige Kommunikation über die Dinge der Welt. Selbst- oder mitorganisierte Tätigkeiten bleiben die nachhaltigsten Erlebnisse.
Der Kindergarten ist Lebensraum auch für Tiere. Sollen neben Käfern, Würmern, Schnecken, Bienen, Raupen auch größere Tiere wie Hasen, Hühner, Ziegen oder Schweine dort wohnen, so muss entsprechender Lebensraum hergerichtet werden. Die Kinder beteiligen sich gerne an der Schaffung von Ställen und Unterschlüpfen wie z. B. Wasserbiotope, Pflanzungen, Gestrüpphaufen, Nistkästen, Insektenhölzer oder Volieren. Motivation ist dabei die wichtigste Voraussetzung. Beobachtungen und Entdeckungen regen die Kinder zum Forschen, Nachfragen und Tun an. Ob im Winter die Vögel

auf Nahrungssuche sind, die Spinne ein Netz baut, Ameisen ihre Eier wegschleppen, Hasen Junge bekommen: All diese alltäglichen Dinge sensibilisieren die Kinder für das Leben der Tiere und eignen sich hervorragend zum Aufgreifen eines Themas. Verantwortung für Tiere zu übernehmen lernen die Kinder erst durch konkretes Tun. Die Beteiligung der Kinder ist eine Bereicherung für sie und die Übernahme von Pflichten bei der Pflege eine Selbstverständlichkeit. Sicherheitsfaktoren müssen berücksichtigt werden, dürfen aber nicht zu Überängstlichkeit führen. Kontakte zum Umfeld und zu Fachleuten, die mit Rat und Tat zur Seite stehen, neue Erfahrungsräume bieten und Einblick in die Materie geben, unterstützen die Aktivitäten der Kinder. Im Bereich der Natur- bzw. Tierforschung ist eine Vernetzung mit Landwirten, Förstern, Bund Naturschutz, Tierpark oder Zoo, Zoohandlungen, Tierheim und Museum sehr hilfreich.

Literaturtipps:

Brandt Petra: Erlebnispädagogik – Abenteuer für Kinder. Herder Verlag, Freiburg 1998

Krieg Elsbeth (Hg.): Hundert Welten entdecken: Die Pädagogik der Kindertagesstätten in Reggio Emilia. Neue Deutsche Schule Verlagsgesellschaft, Essen 1993

Kühne Thomas / Regel Gerhard: Erlebnisorientiertes Lernen im offenen Kindergarten. EB-Verlag, Hamburg 1996

Projektarbeit – ideale Form des ganzheitlichen Lernens

Wenn du mit Kindern ein Schiff bauen willst,
dann gehe nicht in den Wald und sammle Holz,
sondern wecke in ihnen die Sehnsucht nach dem großen, weiten Meer.
nach Antoine de Saint-Exupéry

Lernen ist ein natürliches Bedürfnis der Kinder, das die Erzieherin unterstützen muss. Kinder haben den Drang, sich und ihre Umwelt zu erforschen, sind wissbegierig und im Kindergartenalter sehr aufnahmefähig. Die Methode der Projektarbeit ist sehr gut geeignet, auf diesen Erkenntnis- und Forscherdrang der Kinder zu reagieren, denn Projektarbeit geht immer von den Bedürfnissen und Interessen der Kinder aus.
Projekte aus der Tierwelt entstehen:

- spontan aus einem Ereignis oder einer bestimmten Situation wie: Besuch im Zoo, im Tierpark, Spaziergang im Wald, Beobachten von Vögeln am Futterhäuschen oder Küken beim Schlüpfen, ein toter Vogel auf dem Dach, Rettungshunde auf dem Dorfmarkt, die Katze hat eine Maus gefangen, eine Schafherde zieht vorbei, „Igitt eine Spinne!" usw.
- aus einer Frage, einer Idee, einem Problem, einem Betätigungswunsch der Kinder wie: Warum ist in meinem Schuh ein Schaffell und kein Kuhfell? Wie werden Hasen geschlachtet? Könnten wir nicht ein Futterhäuschen bauen oder einen Hasenstall?
- aus Situationen, in denen die Kinder auf wichtige Themen oder Projekte hingewiesen oder eingestimmt werden wie: Umgang mit der Tierwelt, Wertschätzung des Individuums, Ankauf des Aquariums usw.

Das Thema wird während der Projektarbeit von verschiedenen Seiten beleuchtet, erforscht und erfahren. Es findet eine Verbindung von Erleben, Sprechen und Tun statt, was sensorische, motorische, emotionale und kognitive Erfahrungen ermöglicht. Der Kindergarten stellt keine Insel dar, sondern öffnet sich nach außen und bezieht das gesamte Umfeld mit ein. Kinder erleben die Welt in ihren Zusammenhängen, verfolgen eine Sache von ihrer Entstehung bis zum Schluss, handeln selbstbestimmt, sind mutig und gewinnen Vertrauen in ihre eigenen Fähigkeiten. Projekte verlangen

Eigeninitiative und unterstützen Persönlichkeitsbildung, Selbstständigkeit, Zufriedenheit, Glück, Entwicklung des Wir-Gefühls, Toleranz, Fantasie und Kreativität, Kommunikation und Wertschätzung des Individuums. Projekte über Tiere oder mit Tieren sensibilisieren die Kinder für die Tierwelt: für Artenschutz, richtigen Umgang, Pflege und Verantwortung. Sie ermöglichen lebensnahe Wissensvermittlung und -erweiterung durch Forschen und Entdecken, aber auch durch die Einbeziehung von Experten. Ein Lernen mit diesem ganzheitlichen Ansatz zielt nicht auf die Ausbildung einzelner Fähigkeiten durch Funktionstraining, sondern ist ein Lernen über die Wahrnehmung mit allen Sinnen, ist „Be-greifen". Voraussetzungen für den Beginn eines Projektes sind Interesse und Motivation der Kinder.
Hat sich ein Projektthema herauskristallisiert, wird es entweder von den Kindern oder einer Mitarbeiterin in der Kinderkonferenz, Vollversammlung oder im Morgenkreis vorgebracht. Sie motivieren andere Kinder zum Mittun, indem sie das Thema auffordernd und spannend darstellen. Jeder hat die Möglichkeit sich zu äußern und bewusst für oder gegen ein Projekt zu entscheiden. Nach den Prinzipien der Demokratie und Partizipation wird die Entscheidung akzeptiert. Steht die Projektgruppe fest, beginnt die eigentliche Planung und Durchführung.

Forschendes und entdeckendes Lernen im Alltag

Erkläre mir, und ich werde vergessen.
Zeige mir, und ich werde mich erinnern.
Beteilige mich, und ich werde verstehen.
alte Spruchweisheit

Aus dem alltäglichen Spiel und den Fragen der Kinder ergeben sich Freispielangebote, in denen die Kinder zu Tierforschern werden. Die Erzieherin ermöglicht dies, indem sie auf die Bedürfnisse und die Fragen der Kinder eingeht, ihnen zuhört, beobachtet, was die Kinder interessiert und sie mit allem, was sie tun, ernst nimmt. Jede Frage ist wichtig und die Erzieherin versucht, mit den Kindern eine Antwort zu finden.
Kinder beschäftigen sich intensiv mit einem Thema, das sie interessiert. Deshalb spielt es eine wichtige Rolle, sie in ihren Fragen, ihren Vorhaben zu begleiten und zu unterstützen. Es müssen nicht immer große Projekte sein: In den ganz alltäglichen Dingen liegen oft große Schätze verborgen, die nur aufgegriffen werden müssen.

Stallerfahrungen – den Fragen der Kinder folgen

Sollen die Erfahrungen der Kinder intensiv und nachhaltig sein, dann sind Interesse und Motivation die wichtigsten Voraussetzungen. Es wird nicht etwas für die Kinder initiiert, sondern werden Alltagserlebnisse und Begegnungen aufgegriffen. Während der Erzählung der Weihnachtsgeschichte hören die Kinder beispielsweise, dass Josef und Maria in einem Stall übernachten mussten. In einem Stall, wie schrecklich! *„Da stinkt es* *nach Kuhkacke und es ist kalt"*, meinen die Kinder. Aber nur Einzelne von ihnen waren jemals in einem Stall. Um zu wissen, wie es im Stall riecht, wie er aussieht, wie man sich dort fühlt, muss „Stall" wirklich mit allen Sinnen erlebt werden.

Besuch auf dem Bauernhof

Ein Besuch auf dem Bauernhof fordert die Kinder heraus, zu sehen, zu hören, zu riechen, zu streicheln und mit anderen Kindern, Erwachsenen und Tieren zu kommunizieren. Dort entstehen Gespräche, werden Gefühle entdeckt und Fragen beantwortet.

Im Kuhstall fragen die Kinder nach dem Wiederkäuen und Melken. Sie wollen wissen, was Kühe fressen, wo das Heu herkommt.
Im Hühnerhaus entdecken sie ein frisch gelegtes Ei. Wird es in der Küche verarbeitet oder setzt sich die Henne darauf und brütet? Im Schweinestall stinkt es. Eine Sau ist trächtig, eine andere hat bereits geferkelt, die Ferkel liegen unter einer Wärmelampe. Schweine werden gemästet und geschlachtet – warum? Die Scheune erleben die Kinder als große Vorratskammer für die Tiere. Bei den Schafen fällt das dicke Fell auf. Auch Esel haben ein Winterfell. Die Kinder nehmen wahr, was um sie herum geschieht. Sie können es mit allen Sinnen begreifen und daher auch behalten.

Erlebnisse aufarbeiten – darüber sprechen

Bauernhof, Stall, Tiere und besondere Begegnungen stehen im Mittelpunkt der Unterhaltungen. Freya beschäftigt dieses Erlebnis so sehr, dass sie gerne einen Bericht darüber in der Kindergartenzeitung veröffentlichen möchte. Sie setzt sich mit einer Erzieherin zusammen und erzählt ihre Erlebnisse; die Erzieherin schreibt mit. Freya spricht sehr zügig in ganzen Sätzen, so dass die Erzieherin Mühe hat, mitschreiben zu können. Sie beginnt zu stenographieren. Freya stutzt und fragt: *„Was machst du denn da jetzt, kannst du das dann überhaupt noch lesen?“* Nach einem aufklärenden Gespräch über die Stenographie fährt Freya in ihren Ausführungen fort, ohne Angst haben zu müssen, dass ihr Bericht nicht genau nach ihren Erzählungen erscheint. Sie fasst ihre Erlebnisse in Worte, bildet Sätze, berichtet dabei über ihre Empfindungen und Erfahrungen, denkt weiter, bindet ihre Fantasie mit ein. Alles in allem: ein gelungener Bericht, fast ein Erlebnisaufsatz einer 5-Jährigen. In großen Buchstaben vorgeschrieben tippt sie ihren Bericht am Computer. Sie hat eine Sache begonnen und führt diese ausdauernd, konzentriert und stolz, mit dem Gefühl „Ich kann was“ zu Ende.

Bericht über den Ausflug zum Bauernhof von Freya:
„Auf dem Weg zum Bauernhof haben wir uns verfahren. Wir haben jemanden gefragt, der da gerade mit einer Schubkarre Holz holte. Dann waren wir drin und dann hat's gestunken. Wir haben gesehen, wie eine Kuh gemolken wird und wir durften die Kühe füttern. Die Kälbchen waren schön, das eine war weiß und hatte dunkle Flecken und das andere hatte braune Haare. Im Kuhstall war es warm. Dann haben wir Kaba gekriegt. Ich bin in den Matsch getreten, das war der Dreck von den Kühen. Dann durften wir die Kühe streicheln. Bei der Kleinen habe ich mich getraut. Bei der Großen habe ich mich nicht so gut getraut. Draußen hat der Mist gestunken. Die Hühner gehen in ihr Häuschen, damit sie ihre Eier in Ruhe legen und brüten können. Die Hühner schlafen auf der Stange. Wir waren auch noch bei den Schweinen. Ein Stall war leer, weil das Schwein geschlachtet worden ist. Eins ist dauernd hoch gehüpft an den Zaun. Es sollte vielleicht in den Zirkus. Das wäre dann das Zirkusschwein. Bei den Schweinen hat es gestunken. Ein Schwein hatte Babys bekommen. Die nennt man Ferkel. Unter einer roten Lampe legen sich die Babys hin und schlafen. Das ist wie eine Heizung. In der Scheune kommt eine Maschine mit einer großen Gabel und holt das Stroh. Ich fand es nett, dass wir überall reinschauen durften."

Was geschieht mit den Tierprodukten?

Wir schauen zu, wie die Schafe geschert und die Schafwolle verarbeitet und gesponnen wird. Das Spinnen sieht zwar einfach aus, erfordert jedoch viel Geschick und Auge – Fuß – Hand – Koordination, bis es gelingt, das Spinnrad in Bewegung zu setzen und die Wolle zu einem Faden zu zwirbeln. Traut sich jemand selber ans Spinnrad zu setzen?

- Was wird aus Schafwolle hergestellt?
- Wir verarbeiten den Faden mit der Strickliesel.

- Wir stellen selbst Milchprodukte her: Wir schlagen Sahne, machen Jogurt und Käse, kochen Pudding.
- Wir machen Rührei, Spiegelei, gekochte Eier.

Tier-kreativ-werkstatt

Die Weihnachtsgeschichte geht weiter, jetzt mit Stallerfahrungen. Der direkte Kontakt zu den Tieren und die Informationen über sie geben den Kindern Sicherheit. In der Werkstatt entstehen nun Tiere und Stall aus Holz und Ton. Die Kinder zeichnen selbstständig die Pläne. Es wird geformt,

ausgesägt, geschraubt, genagelt und angemalt. Durch Bereitstellung von Material und Werkzeug werden Vorschläge und Ideen der Kinder umgesetzt. Vorstellungen der Kinder sind oft ganz anders als die der Erwachsenen. Die Erzieherin unterstützt und begleitet die verschiedenen Ausdrucksformen der Kinder.

Kinderkrippenfeier

Alle Figuren stehen auf dem Weihnachtsweg, der zur Krippe, zum Stall, führt. Die verschiedensten Tiere sind vertreten. Die Kinderkrippenfeier am Heiligen Abend kann mit dem Singspiel „Ob die Maus dabei gewesen ist – hat der Frosch das Kind im Stall begrüßt?“ anfangen. Unter dem Thema: „Der Engel bei den Tieren“ wird weitergefeiert.
Vielleicht wäre es sogar möglich, diese Kinderkrippenfeier in einem Stall zu halten und die Herbergssuche dort zu spielen. Es könnte daraus ein richtiges, kleines Fest werden, auf dem die Kinder die von selbst gestrickten Socken aus Schafwolle, Plätzchen aus Eiern von freilaufenden Hühnern, heiße Schokolade oder Cappuccino mit frischer Kuhmilch verkaufen könnten.

Literaturtipps:

Bilderbücher

Fischer-Nagel, Heiderose und Andreas: Warum muht die Kuh? Kinderbuchverlag Luzern, Aarau 1994

Clayton, Gordon: Das Schaf. Thienemanns, Stuttgart

Wilbs, Bernard: Weihnachten im alten Stall. Ostheimer Verlag 1999

Sachbilderbuch

Fischer-Nagel, Heiderose und Andreas: Schau mal: Unsere Wolle, Kinderbuchverlag Luzern, Aarau 1995

Schießer, Sigrid / Haas, Claudia / Wahrenberg, Astrid: Schau mal: Auf dem Bauernhof. Kinderbuchverlag Luzern, Aarau 1998

Hansen, Elvig: Im Stall. Arena Verlag, Würzburg 1983

Kohwagner, Gabi: Schau mal: Unsere Milch. Kinderbuchverlag Luzern, Aarau 1982

Knisel-Scheuring, Gerlinde: Wie riecht Weihnachten? Kaufmann Verlag, Lahr 2001

Carstensen, Ursula: Ninas Leben auf dem Bauernhof. Kallmeyer Verlag, Seelze 2000

Das Kleid der Tiere

Beim Anziehen in der Garderobe bemerkt Timothy: *„Meine Schuhe sind ganz schön warm gefüttert. Ist das Schaffell oder vielleicht Kuhfell?“* Auf dem Etikett steht 100 % Lampswool, also Schaffell. Er fragt weiter: *„Gibt es auch Schuhe mit Kuhfell? Was ist besser?“* Um das herauszufinden, bietet sich eine Anschauung von verschiedenen Fellen an. Dazu brauchen wir Schaffell, Kuhfell, Hasenfell:

- Felle anschauen, berühren, fühlen, riechen
- Eigenschaften aussprechen
- Felle benennen
- Assoziationen aussprechen
- Felle mit geschlossenen Augen wieder erkennen
- Sich gegenseitig streicheln

Warum Timothys Schuhe mit Schaffell gefüttert sind, beantworten sich die Kinder danach selbst. Alisa: *„Weil das Schaffell weich und kuschelig und wärmer ist als das Kuhfell. Das Kuhfell ist wie Leder.“* Paula meint jedoch: *„Das Hasenfell ist aber genauso weich.“*

Dann wird ein Gespräch über Leder geführt: Was ist Leder? Wo kommt es her? Wie wird es bearbeitet?

Experimentieren

Die Kinder schneiden je eine Sohle aus Schaffell und Hasenfell aus und legen beide in je einen Hausschuh. Jeden Tag darf ein anderes Kind in diesen Hausschuhen gehen. Nach einer Woche steht das Ergebnis fest: Schaffell ist das Beste. Das Hasenfell rutscht zu sehr, ist ganz zusammengedrückt und außerdem gehen die Haare zu leicht aus.
Dinge ausprobieren dürfen und Experimentieren sollten immer im Vordergrund stehen. Dies bildet die Grundlage dafür, Erkenntnisse aus den Ergebnissen selber zu ziehen.

Tiere werden geschlachtet

In dem Gespräch über Felle und Leder stellen die Kinder fest, dass all diese Tiere geschlachtet wurden. Aber wie werden die Tiere denn geschlachtet, das interessiert jetzt viele Kinder. Sie sprechen ihre Vermutungen aus. Diese reichen vom Totschießen mit der Pistole über das Messer bis zum Erschlagen mit einem Stock. Aber was stimmt? Wer könnte gefragt werden: der Jäger, der Bauer, der Nachbar, der Hasen züchtet, der Metzger? Alle sind sich einig, der Metzger kennt sich bestimmt am besten aus. In der Wurstküche des Metzgers führen die Kinder ein sachliches Gespräch über das Schlachten der Tiere. Sie stellen ihre Fragen und erfahren, welche Techniken angewandt werden. Das Wichtigste ist, dass es schnell geht – so erklärt der Metzger – , dass die Tiere nicht leiden müssen. Große Tiere wie Schweine oder Kühe werden durch den Schussapparat getötet, kleinere durch einen Schlag auf eine bestimmte Stelle. Manche Kinder wehren sich auch gegen das Schlachten.
Christopher: *„Unsere Hasen werden nicht geschlachtet, weil ich sonst traurig bin."* Ein anderes Kind widerspricht sofort: *„Wenn wir etwas zum Essen*

wollen, dann müssen die Tiere geschlachtet werden.“ Ein aufklärendes Gespräch über Nutztiere und Tiere als Wegbegleiter und Freunde hilft den Kindern weiter.

Wo kommen die Federn her?

Den Kindern wird das Märchen „Frau Holle“ vorgelesen. Frau Holle schüttelt ihre Betten aus, dass es auf der Erde schneit. Am Spielen mit Federn, die im Raum umher fliegen, haben die Kinder ihre wahre Freude. Aber wo kommen diese Federn her? Etwa aus dem Kissen? Natürlich, aber wo waren sie vorher?
„Federn kommen von den Vögeln“, stellen die Kinder fest und zählen alle Tiere mit Federkleid auf: verschiedene Arten von Vögeln wie Hühner, Enten, Gänse.

- Zuschauen, wie eine Gans oder ein Huhn gerupft wird
- Was wird mit den Federn gemacht? Früher wurde mit Federn geschrieben. Die Kinder ausprobieren lassen, Federkiele und Tinte bereitstellen
- Verschiedene Federn sammeln, anschauen und befühlen. Lange Federn sind Flugfedern, kurze Federn dienen zum Warmhalten des Tierkörpers
- Eine Federsammlung anlegen: Aus Wellpappe einen Ständer bauen, die gesammelten Federn in die Öffnung der Wellpappe stecken. Der gefüllte Ständer wird zum Schmuckstück (Idee aus: Ardley, Neil/Burnie, David: Spannende Experimente aus Natur und Technik, Loewe Verlag, Bindlach 1999)

- Welche Federn eignen sich zum Füllen von Kopfkissen?
- Einen Kissenüberzug nähen
- Überzug bedrucken
- Kuschelkissen mit Federn füllen
- Rhythmik mit Federn anbieten
- Improvisierte Tänze mit Federn (vgl. Braun, Andrea: Leicht wie eine Feder, München 2001)

Weitere mögliche Angebote

- Vogelfutter herstellen:
  Material: leerer Jogurtbecher, fertiges Vogelfutter, Nüsse, Brotkrumen, Haferflocken, Schmalz, kleine Ästchen
  Schmalz erhitzen, restliche Zutaten mischen, Schmalz darüber gießen. Das Gemisch in einen Jogurtbecher geben, Ästchen in die Mitte stecken, erkalten lassen; durch Druck aus dem Becher lösen und mit Hilfe des Ästchens an einem Baum aufhängen
- Verlassenes Nest untersuchen: Woraus wurde es gebaut? Wie wurde es gebaut? Baumaterialien mit der Lupe betrachten
- Aus Fotos vom Bauernhof und Texten von den Kindern ein Bilderbuch herstellen und den Eltern zum Verkauf anbieten
- Ein Tiermemory gestalten: jeweils ein ausgewachsenes und ein junges Tier; entweder selbst fotografieren oder Bilder sammeln
- Aus Fotos von den Tieren Puzzles herstellen
- Collage herstellen: Tiere auf dem Bauernhof
- Märchen erzählen: *Die 7 Geißlein, Die Bremer Stadtmusikanten*
- Theater spielen
- Tierspuren erkennen
- Abdrücke aus Gips gießen

- Lied: *Old Mac Donald had a farm*
- Bewegungsspiele: Fortbewegungen der Tiere nachahmen
- Tierquiz: Wie heißen die Jungen?
- Scharaden: Tiere pantomimisch in einer Szene darstellen, andere Kinder müssen raten
- Tierlaute nachahmen
- Platzwechselspiel: Tiernamen verteilen – ein Kind steht in der Mitte des Kreises und ruft einen Tiernamen – Kinder mit diesem Tiernamen wechseln die Plätze – das Kind im Kreis versucht einen Platz zu erhalten
- Tiere kreativ darstellen: aus Pappmaché, Ton, Schachteln, Holz usw.

Rettungshunde – Ausgangspunkt Dorfmarkt

Kinder schlüpfen während ihres Spiels oft in Tierrollen. Sie spielen *Löwe* und *Krokodil* um Stärke zu zeigen oder *Hund*, um gestreichelt, gefüttert, ausgeführt zu werden und etwas zu bewachen. Sie ahmen Bewegungen und Eigenschaften der Tiere nach. In ihrem Spiel finden sich besondere Erlebnisse mit Tieren wieder. Solche Erlebnisse wie z. B. eine Vorführung der Rettungshundestaffel auf dem örtlichen Dorfmarkt intensivieren das Spielverhalten der Kinder und geben Anlass, dieses Thema aufzugreifen.

Sich informieren

Interessierte Kinder treffen sich zu einem Gespräch über Hunde. Ein reger Austausch zwischen vorhandenem Wissen und offenen Fragen findet statt. Wo gibt es Antwort auf die vielen Fragen? Natürlich in der Stadtbücherei, die den Kindern durch regelmäßige Besuche bekannt ist. Jedes Kind weiß doch: In Büchern stecken viele Informationen. Die Kinder fahren in die Bibliothek und leihen sich eine ganze Reihe von Fach-, Bilder- und Fotosachbüchern aus, die ihnen nun im Kindergarten ständig zur Verfügung stehen. Begleitet durch die Erzieherin beantworten sich die Kinder Stück für Stück ihre Fragen selbst: teils aus den Büchern, teils durch selbst gemachte Erfahrungen. Sie lernen den Hund, der das älteste und gelehrigste Haustier ist, als Freund und Helfer kennen.

Der Hund als Freund und Helfer

Den Kindern soll der direkte Kontakt mit Hunden ermöglicht werden – in realen Lebenssituationen sind die Erfahrungen am intensivsten. Hier bietet sich z. B. der Besuch bei der Polizei, das Aufsuchen einer Schafherde auf der Wiese oder der Besuch der Rettungshunde im Kindergarten.
Durch direkte Konfrontation und Beobachtungen erkennen die Kinder die vielfältigen Dienste der Hunde für die Menschen:

- Blindenhunde führen ihren Herrn durch den Verkehr
- Schlittenhunde sind zäh und ausdauernd und unersetzlich für die Eskimos
- der Hofhund meldet als Wächter jeden Besuch
- der Jagdhund wittert das Wild und verfolgt die Fährten
- der Polizeihund nimmt die Spur eines Verbrechers auf
- der Rettungshund findet die Verletzten an abgelegenen Stellen oder hilft bei der Bergung von Verschütteten
- der Schäferhund versteht die Anweisungen seines Herrn, seine Zurufe und Pfiffe, und hält die Herde zusammen

Durch die Zusammenarbeit mit den Eltern kann der Besuch der Rettungshunde im Kindergarten ermöglicht werden. Ein kurzer Film erläutert zunächst die Arbeit und das Training der Hunde. Anhand praktischer Beispiele erfahren die Kinder besondere Eigenschaften der Hunde hautnah:

- Gehorsam (die Wurst auf der Schnauze wird erst nach Anweisung des Hundeführers verspeist)
- Auffinden von Menschen (ein Kind versteckt sich mit einem Erwachsenen im Garten und wird von einem Hund gefunden)
- Überwinden von Hindernissen (Spielgeräte und Röhren im Außengelände werden überwunden)

Durch solche Erfahrungen werden Berührungsängste rasch überwunden und viele Kinder trauen sich, die Hunde zu streicheln.

Das Verhalten des Hundes

Eine Mitarbeiterin bringt ihren Hund von zu Hause mit. Während eines Spaziergangs führen ihn die Kinder an der Leine und beobachten sein Verhalten.
Lars bemerkt: *„Der Hund hat immer mit dem Schwanz gewedelt!“*
Henrik weiß Bescheid: *„Da hat er sich gefreut!“*
So zeigen Hunde ihre Gefühle, so sprechen sie mit uns. Durch Schwanzwedeln drücken sie ihre Freude aus. Bei Angst ducken sie ihren Kopf zum Boden, legen die Ohren an und ziehen den Schwanz zwischen die Beine ein. Auch durch Bellen, Knurren, Winseln, Jaulen oder Heulen drücken die Tiere ihre Stimmungen aus: Freude, Angst, Trauer, Ungeduld oder Schmerz.
Fabian: *„Der Hund hat immer geschnüffelt!“*
Das stimmt, Hunde sind ständig am Schnüffeln, Schnuppern und Riechen. Sie können eine Million Mal besser riechen als Menschen. Für einen Hund sind die Gerüche seiner Umgebung sehr wichtig. Mit dem Geruchsinn findet er sich in seiner Umgebung zurecht. Er riecht damit andere Tiere. Mit Urin markiert er selbst sein Revier und zeigt damit, dass dieser Ort schon besetzt ist. Auf diese Weise verständigt er sich mit anderen Hunden.

Lars meint: *„Hunde müssen gut riechen können, weil sie manchmal Menschen suchen.“*
Die Aufmerksamkeit der Kinder richtet sich somit wieder auf die Rettungshunde. Kinder nehmen intensiv wahr, was sie interessiert. Deshalb ist es wichtig, sich auf das Stück Welt einzulassen, das für die Kinder gerade präsent ist. Und das sind im Moment die Rettungshunde.

Können Hunde schwimmen?

Auf die Frage, ob Hunde auch schwimmen können, folgt ein Spaziergang zum Fluss. Hunde spielen gern und bringen einen weggeworfenen Stock immer wieder zurück. Als der Stock in das Wasser fällt, sind die Kinder gespannt, wie der Hund reagiert. Er springt ins Wasser – und schwimmt.

Hundebilderbuch

Das Wissen der Kinder und die Erlebnisse mit den Rettungshunden fließen in eine Geschichte ein, die von den Kindern selbst erfunden wird. Fantasie und Realität vermischen sich. Aus dieser Geschichte soll ein Bilderbuch entstehen. Kinder machen sich Gedanken, wie so ein Buch entstehen kann und was gebraucht wird: *„Blätter, Stifte, Bilder und Schrift“*
Fabian: *„Von den Figuren müssen wir Schablonen machen, weil die doch immer gleich sind!“*
Mit Hilfe der selbst erstellten Schablonen entstehen die einzelnen Szenen auf dem Papier. Die fertigen Seiten werden mit Folie beklebt und mit der Bindemaschine zusammengeheftet.
Kinder lernen das Denken nur, wenn sie herausgefordert werden und ihnen nicht alles vorgegeben ist. Sie verfolgen eine Sache vom Anfang bis zum Ende, sehen, wie etwas wächst, wie ein Produkt aus eigener Hand entsteht, lernen eigene Fähigkeiten kennen und wenden sie an. Die Arbeit am Bil-

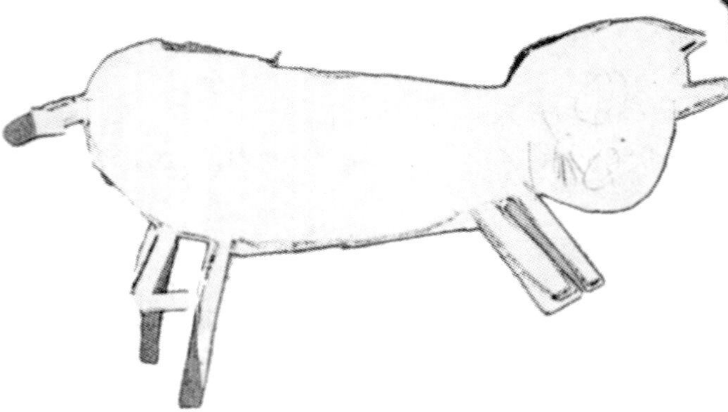

derbuch beschäftigt die Kinder sehr. Immer wieder sind Absprachen nötig. Der eine übernimmt lieber die kreative Gestaltung, ein anderer hilft mit, die Geschichte in Sätze zu fassen, ein dritter beteiligt sich am Zusammensetzen und Binden des Buches. Ganz stolz präsentieren die „Hundekinder" ihr fertiges Bilderbuch. Abwechselnd „lesen" sie das Buch den anderen Kindern vor. Sie trauen sich etwas zu, geben Wissen weiter, kommunizieren miteinander und übernehmen selbst Angebote für andere Kinder.
Das Bilderbuch als Theater gespielt, mit selbst gestalteten Kostümen und Utensilien, rundet dieses Thema ab.

Hunde in allen Variationen

Materialien: Holz, Ton, Draht, Stoff, Papier, Pappmaché, Pappröhre, Schachteln
Jedes Kind plant seinen Hund zunächst auf dem Papier. Dann wählt es ein entsprechendes Material aus und versucht, dem Hund eine auf dem Papier entworfene Form zu geben. Es können dabei auch mehrere Materialien zusammen verwendet werden.

Kreisspiel

Das Spiel eignet sich vor allem für kleine Kinder.
Hoch am Himmel, (Hände nach oben)
tief auf der Erde, (Hände auf den Boden)
überall ist Sonnenschein. (Hände ausbreiten und sich drehen)
Wenn ich jetzt der Fabian (jeweiligen Namen nennen) *nicht wäre,* (auf sich selbst zeigen)
möchte ich ein Hündchen sein:
Wau, wau, wau, wau, wau, wau … (Hund darstellen und den Laut aussprechen)
So können verschiedene Tiere dargestellt werden.

„Bello, Bello, wo ist dein Knochen“

Ein Kind spielt den Hund Bello. Es legt sich auf den Boden und schließt die Augen. Vor ihm liegt ein Gegenstand, der den Knochen darstellt. Alle anderen Kinder sitzen im Kreis um Bello herum. Ein Kind steht auf, geht auf Bello zu, nimmt den Knochen weg und geht damit auf seinen Platz zurück. Alle Kinder nehmen ihre Hände hinter den Rücken und rufen: *„Bello, Bello, wo ist dein Knochen, Bello wach auf!“* Bello erhebt sich und versucht den Knochen zu finden. Er geht jeweils auf ein Kind zu und bellt es an. Dieses Kind zeigt dann seine Hände.

Weitere mögliche Angebote

- Parcours aufbauen – Hindernisse wie die Hunde überwinden
- Ein Besuch im Tierheim
- Das Lied: *Von den fünf Sinnen* (aus: Löscher, Wolfgang: Vom Sinn der Sinne. München, 2001^{3})

Literaturtipps:

Dossenbach, Monika: Augen auf. Kinderbuchverlag Luzern, Aarau 1996
Downer, John: Die Supersinne der Tiere. Heyne Verlag, München 1995
Erkert, Andrea: Spiele zur Sinnesförderung. Don Bosco Verlag, München 1999
Klever, Ulrich: Geheimsprachen der Tiere. Heyne Verlag, München 1984
Löscher, Wolfgang: Riech- und Schmeckspiele. Don Bosco Verlag, München 1997
Löscher, Wolfgang: Hör-Spiele. Don Bosco Verlag, München 1997
Seitz, Rudolf: Seh-Spiele. Don Bosco Verlag, München 1998

Kleintiere: Schnecken, Insekten

Überall in der Natur – sei es im Garten, im Wald oder auf dem Spielplatz – kommen die Kinder mit einer Vielzahl von Kleintieren in Berührung. Sie ziehen die ganze Aufmerksamkeit der Kinder auf sich. Deshalb ist es wichtig, neben der Brotzeittasche immer Lupen und Lupendosen mit sich zu führen.

Schneckensammler

Auf dem Weg zum Wald entdecken die Kinder im feuchten Gras jede Menge Weinbergschnecken. Sie nehmen die Schnecken behutsam in die Hand und tragen sie bis zum Ziel der Wanderung. Dort bekommen Kinder einen Karton. Sie legen Blätter hinein und setzen alle Schnecken darauf. Sie machen die Erfahrung, dass Schnecken glitschig, schleimig und klebrig sind. Manche Kinder nehmen sie in die Hand, andere ekeln sich davor. Immer wieder öffnen sie die Kiste, um nach den Schnecken zu sehen. Eine Grille, die Julia mit einer Lupendose fängt, muss den Schnecken in der Schachtel Gesellschaft leisten. Eine Wanderung lässt den Kindern genug Zeit, die Natur mit allen Sinnen wahrzunehmen, zu entdecken und zu erforschen.

Ein Terrarium für die Schnecken

Julia fragt: *„Können die Schnecken aus ihren Häusern herauskriechen und in ein anderes Schneckenhaus hineinkriechen?“*
Zwei Schnecken kleben aneinander. Freya: *„Schau mal, die lieben sich, vielleicht bekommen wir dann kleine Schnecken!“* Sie trägt die Kiste mit der wertvollen Fracht den ganzen Weg zurück zum Kindergarten. Selbst nach der langen Strecke sind die Kinder nicht müde, sondern motiviert, die Schnecken noch zu versorgen. Sie helfen mit, Erde, Grasnaben und Zweige

in ein Terrarium zu legen und setzen die Tiere hinein. Damit sie nicht entwischen, wird ein Stück Feinstrumpfhose über die Öffnung geklebt.
Am nächsten Morgen ist Schneckensuche angesagt. Die Schnecken haben das Terrarium verlassen und kriechen irgendwo im Eingangsbereich herum oder kleben an Türen und Treppen. Beim Einsammeln der Tiere tauchen weitere Fragen auf:

- Wozu hat die Schnecke vier Fühler?
- Wo ist der Mund?
- Wo kommt das A A her?
- Warum klebt die Schnecke an der Tür fest?
- Brauchen sie etwas zu essen?

Das Terrarium wird gesäubert. Die Kinder setzen die Schnecken wieder hinein und versorgen die kleinen Tiere mit Salat.

Schnecken hautnah erleben

Die Kinder können beobachten, wie die Schnecken fressen, wo der Mund ist. Beim Betrachten einer dahinkriechenden Schnecke auf einer Glasplatte sehen sie von hinten nach vorne verlaufende Wellenbewegungen. Auf diese Weise kommt die Schnecke vorwärts.
Zum Beantworten anderer Fragen wird ein Sachbuch zu Hilfe geholt. Schneckenbilder werden immer wieder mit der echten Schnecke verglichen. Was die Schnecke frisst, kommt zuerst in den Magen, dann in den Darm und wird unter dem Schneckenhaus wieder ausgeschieden. Beim genauen Hinsehen entdecken die Kinder auch das sog. Atemloch, das daneben liegt. Unter der Lupe kann man sogar die Pupillen in den Augen sehen, die auf den beiden großen Fühlern sitzen. Mit den zwei kleinen Fühlern kann die Schnecke riechen und tasten. Ist es der Schnecke zu trocken, dann lässt sie

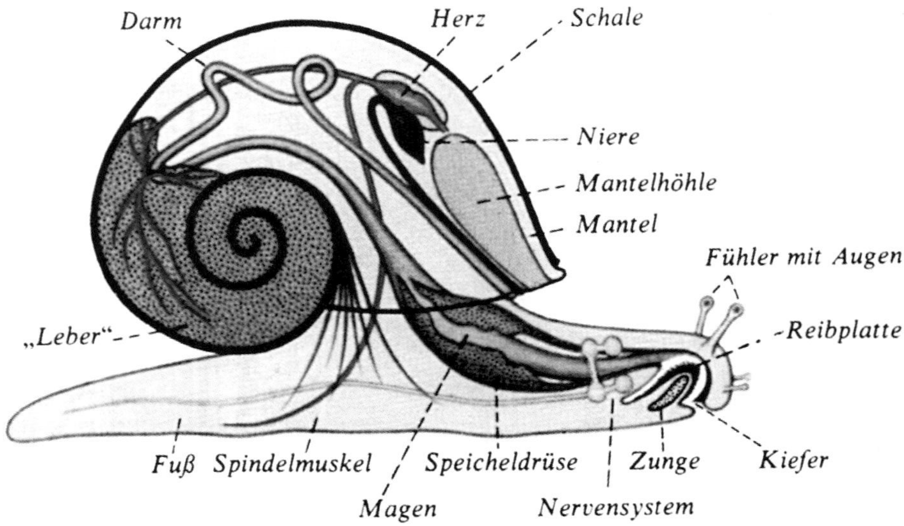

Aus: Schmeil: Tierkunde Quelle & Meyer Heidelberg, Wiesbaden

an der Schalenöffnung den Schleim zu einem feinen Häutchen eintrocknen, das den Eingang verschließt. So klebt sie auch an der Tür.
Durch den direkten, hautnahen Umgang mit den Tieren baut das Kind ein Stück Welt in sich auf. Dieses Interesse müssen Erzieherinnen erhalten und unterstützen. Durch die Nähe zu den Schnecken, durch das Beobachten ihres Verhaltens und die Fürsorge baut sich im Kind der Wunsch auf, sie in Schutz zu nehmen. Durch das Sehen, Erkennen, Begreifen, Vergleichen können sich die Kinder viele Fragen selber beantworten. So gewonnenes Wissen hinterlässt Spuren im Gedächtnis. Als nächstes erfahren Kinder das Buch als wichtige Informationsquelle.

Eine Woche lang werden die Schnecken im Terrarium mit Salat gefüttert, immer wieder durch die Lupe beobachtet und dann schließlich an einer feuchten, schattigen Stelle wieder in die Freiheit entlassen.

Das Zuhause von Tieren

In kleinen Gruppen können die Kinder zunächst überlegen, wo Tiere ihr „Zuhause“ haben und was sie dafür brauchen. (Der Vogel baut sein Nest auf Bäumen, Sträuchern oder auf der Erde, die Schnecke trägt ihr Haus immer mit sich, die Muschel lebt im Wasser; der Hamster lebt im Käfig usw.)
Auf Wanderungen oder gemeinsamen Spaziergängen sammeln die Kinder verschiedene Dinge, die mit dem Zuhause von Tieren etwas zu tun haben. Aus den zusammengetragenen Materialien kann eine kleine Ausstellung über das „Zuhausesein von Tieren“ entstehen (aus: Sternsinger – Mission/ Impulse 3-2002, © Kindermissionswerk „Die Sternsinger“).

Wurmfarm

Material: Schüssel, Erde, Sand, Sprühflasche, Blätter, Regenwürmer, Schaufel
Regenwürmer sind äußert nützliche Tiere für die Natur. Sie graben und fressen sich durch den Boden. Dabei pflügen und lockern sie das Erdreich. So transportieren sie wertvolle Mineralien aus der Tiefe herauf und abgestorbene Pflanzenteile gelangen dadurch nach unten. Das Anlegen einer Wurmfarm gibt den Kindern die Möglichkeit, die Würmer bei ihrer Arbeit zu beobachten.

- Erde und Sand mit Wasser besprühen, damit sie feucht werden und abwechselnd übereinander schichten, bis das Glas voll ist. Für Regenwürmer ist eine feuchte Umgebung unbedingt notwendig.

- Die Würmer vorsichtig ins Glas legen. Für ein großes Glas dürften fünf bis sechs Würmer ausreichen.
- Die Würmer mit trockenem Laub bedecken. Das Glas an einen kühlen, dunklen Ort stellen. Alle paar Tage nachsehen, wie aktiv die Würmer waren (aus: Ardley, Neil/Burnie, David: Spannende Experimente aus Natur und Technik, Loewe Verlag, Bindlach 1999)

Wald-Terrarium

Material: leeres Aquarium mit Deckel, Erde, flaches Tellerchen, Schaufel, Sprühflasche, Holzstücke, Rinde, Tannenzapfen, altes Laub, kleine Tierchen (Asseln, Käfer, Tausendfüßler, Schnecken)

- Eine Ecke des Aquariums mit altem Laub und Holzstücken auslegen, damit die Tierchen herumklettern und sich verstecken können.
- Den Rest des Bodens mit Erde und ein paar Tannenzapfen auslegen. Ein Tellerchen mit Wasser hineinstellen.
- Die Erde muss bis zum Rand des Tellers aufgefüllt werden, damit dieser einen guten Halt hat. Damit die Luft stets feucht ist, etwas Wasser in das Aquarium sprühen.
- Jetzt die Tiere vorsichtig hineingeben.
- Alle Tiere brauchen etwas zum Fressen. Asseln fressen faulende Blätter, Tausendfüßler jagen nachts kleine Tiere. Sind auch Schnecken dabei, so müssen sie stets mit frischem Salat gefüttert werden.

Weitere Angebote

- Eine Raupe ins Terrarium setzen: Raupe füttern – nachschlagen, was sie frisst – verpuppen lassen – warten, bis der Schmetterling schlüpft
- Bilderbuch: *Die kleine Raupe Nimmersatt*

- Ein Naturführer sollte für die Kinder in greifbarer Nähe immer zugänglich sein: Kinder entdecken Raupen und schauen nach, ob aus ihnen ein Schmetterling, ein Schwärmer oder ein Falter wird
- Auf das Feld, die Wiese oder in den Wald gehen und Insekten und Käfer durch die Lupe betrachten, Arten und Namen herausfinden

Literaturtipps:

Bauschutthalde oder Feuchtbiotop: Überall kleine Tiere. TPS 5/2002

Buholzer, Theres: Schneckenleben. Kinderbuchverlag Luzern, Aarau 2001

Dixon, Andy: Die Insekten sind los. Kinderbuchverlag Luzern, Aarau 2002

Fischer-Nagel, Heiderose und Andreas: Marienkäfer. Kinderbuchverlag Luzern

Fischer-Nagel, Heiderose und Andreas: Die Stubenfliege. Kinderbuchverlag Luzern, Aarau 2002

Gaffney, Michael: Täuschen, tarnen, überleben. Kinderbuchverlag Luzern, Aarau 1995

Lange, Monika / Faltermayr, Christine: Da fliegt was! Kinderbuchverlag Luzern, Aarau 2002

Lange, Monika / Walentowitz, Steffen: Siehst du mich? Kinderbuchverlag Luzern, Aarau 2002

Manning, Mick / Grauström, Brita: Feder, Muschel, Löwenzahn. Kinderbuchverlag Luzern, Aarau 1999

Papenberg, Michael: Eine Wohnung auf der Wiese. Kinderbuchverlag Luzern, Aarau 1999

Parker, Steve: Tagebuch einer Ameise. Kinderbuchverlag Luzern, Aarau 2000

Mertiny, Andrea: Natur erforschen und präparieren. Was ist was. Band 68. Tessloff Verlag, Nürnberg 1995

Sielmann, Heinz: Spinnen. Was ist was. Band 73. Tessloff Verlag, Nürnberg 2002

www.buecherfuerneugierige.de

Hühner

Alexandra kommt in den Kindergarten und berichtet begeistert: *„Bei uns schlüpfen junge Küken aus!“*
In kleinen Gruppen besuchen die Kinder die Brutstätte. Um nicht nur einen kurzen Blick auf das Geschehen werfen zu können, sondern das Ausschlüpfen genau zu beobachten, stellt Alexandras Vater einen Brutkasten mit befruchteten Eiern in den Kindergarten und gibt die nötigen Informationen zur Handhabung.

Brutpflege

- Die Brutzeit beträgt 21 Tage.
- Die Eier müssen täglich gewendet werden.
- Im Brutkasten muss Wasser sein.
- Eine Temperatur von 37,5 bis 37,8 Grad muss gehalten werden.

Die Kinder werden in die Brutpflege einbezogen. Ganz besonders wichtig ist der vorsichtige Umgang mit den Eiern. Nebenbei entstehen Gespräche über Wärmemessung und Thermometer. Täglich sehen die Kinder nach den Eiern und stellen anhand eines Kalenders fest, wie lange es noch dauert, bis die Küken schlüpfen. Die letzten beiden Tage vor dem errechneten Termin sind besonders aufregend. Die Neugierde treibt die Kinder ständig zum Brutkasten und alle warten gespannt auf das Schlüpfen. Am 21. Tag ist es wirklich so weit. Das erste Ei hat einen Sprung. Das Küken bricht die Schale auf. Den ganzen Tag über stehen die Kinder interessiert vor dem Brutkasten. Hilflos, nass und erschöpft liegen die frisch geschlüpften Küken im Brutkasten.

Aufzucht

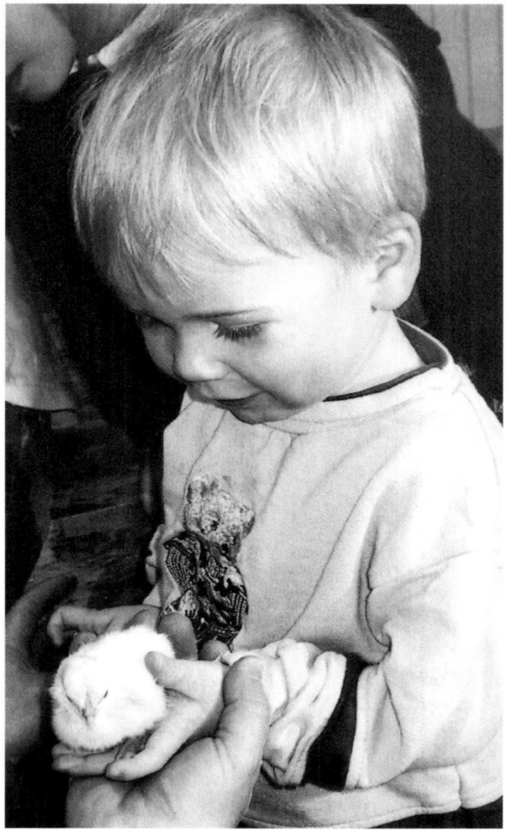

Nicht aus allen Eiern schlüpfen Küken. Manche wurden nicht befruchtet, in anderen haben sich die Embryonen nicht weiter entwickelt. Auch nicht alle geschlüpften Küken überleben.

Sobald die Küken trocken sind, kommen sie vom Brutkasten in einen Käfig, über dem eine Wärmelampe hängt. Aufzuchtsfutter und täglich frisches Wasser müssen gewährleistet sein. Der Käfig sollte in einem extra Raum stehen, da Hühner stark riechen und viel Dreck machen. Ein Hühnerkäfig hat einen doppelten Boden, damit die Ausscheidungen durchfallen können. Beim Ausmisten tragen die Kinder Gummihandschuhe. Die Versorgung der Küken muss auch am Wochenende sicher gestellt werden z.B. durch die Einrichtung eines Fütterdienstes durch die Eltern. Nach 6 bis 8 Wochen kommen die Junghühner in den Hühnerstall mit Freigehege.

Hühnerstall bauen

Während der Aufzucht der Küken im Haus beginnen Planung und Bau des Hühnerstalls.

- Wo soll er stehen? – Wir suchen einen geeigneten Platz im Freigelände aus.
- Wie soll er aussehen? – Wir holen Informationen bezüglich Größe, Material auf dem Bauernhof ein, zeichnen einen Plan und einigen uns auf ein Material.
- Was ist wichtig? – Die Höhe des Stalls, denn Hühner schlafen auf Stangen, die eingebaut werden müssen; eine Öffnung im Stall zum Durch-

schlüpfen ins Freigehege; Stalltür zum Ausmisten. Das Freigehege muss mit Draht oder Weinbergsnetz überdacht werden, denn Hühner können fliegen, aber auch zu ihrem Schutz vor Feinden, z. B. dem Fuchs.

- Materialeinkauf – Daran sind die Kinder beteiligt.
- Bau des Hühnerstalls – Eltern werden zu Hilfe geholt.

Eierröntgenapparat herstellen

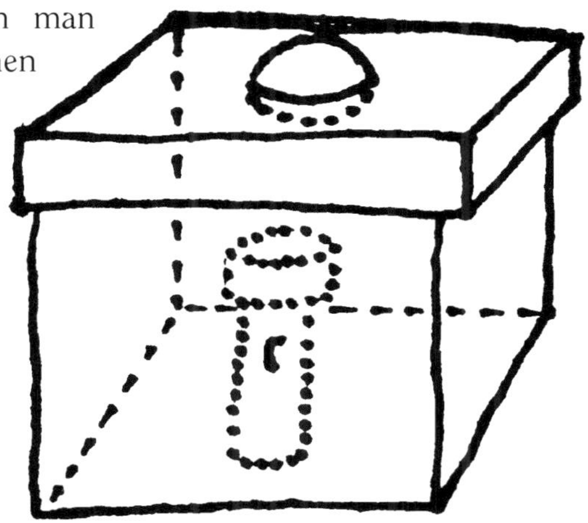

Mit dem Eierröntgenapparat kann man den Dotter im Inneren des Eies sehen und ein befruchtetes Ei von einem unbefruchteten unterscheiden.
Material: Schuhkarton, Taschenlampe und ein Ei. Dieses Experiment in einem abgedunkelten Raum durchführen.

- In den Deckel des Kartons wird eine ovale Öffnung, die kleiner als das Ei sein muss, geschnitten.
- Die Taschenlampe so in den Karton stellen, dass sie nach oben scheint.
- Das Ei über die Öffnung legen, so dass das Licht der Taschenlampe das Ei von unten beleuchtet.

Ist das Ei befruchtet, sieht man einen dunklen Fleck, aus dem sich ein Küken entwickelt. (Idee aus: Ardley, Neil / Burnie, David: Spannende Experimente aus Natur und Technik, Loewe Verlag, Bindlach 1999)

Ein Thermometer bauen

Material: Karton, Strohhalm, Schere, kaltes Wasser, Knete, Lebensmittelfarbe, Filzstifte in rot, blau und schwarz, Glasflasche

- Die Flasche bis zu drei Vierteln mit kaltem Wasser füllen und ein paar Tropfen Lebensmittelfarbe hinzufügen.
- Den Strohhalm in die Flasche stecken und mit Knete am Flaschenhals luftdicht verschließen.
- Etwas Luft in den Strohhalm blasen, bis das Wasser ein Stück über der Knete im Strohhalm steht.
- Zwei Doppelschlitze in den Karton schneiden und diesen auf den Strohhalm schieben.
- Den Stand der Flüssigkeit mit einem schwarzen Filzstift am Karton kennzeichnen = die Ausgangstemperatur.
- Die Flasche an einen warmen Ort stellen – der Pegel steigt im Strohhalm – den Stand rot markieren (bei Erwärmung dehnt sich die Luft in der Flasche aus und drückt auf das Wasser, das dann in den Strohhalm hinein ausweicht).
- Die Flasche in den Kühlschrank stellen – der Pegel sinkt im Strohhalm – den Stand blau markieren (bei Abkühlung zieht sich die Luft in der Flasche zusammen und saugt dabei das Wasser aus dem Strohhalm heraus). (Idee aus: Ardley, Neil / Burnie, David: Spannende Experimente aus Natur und Technik, Loewe Verlag, Bindlach 1999)

Temperaturen messen

Material: Thermometer, Glas mit kaltem Wasser, mit warmem Wasser, mit Eiswürfeln.

- Das Thermometer in die verschiedenen Gläser halten und beobachten, was geschieht. Was passiert in dem Glas mit Eis? Das Thermometer bleibt bei Null Grad stehen. Die Temperaturmessung beginnt also beim Gefrierpunkt.
- Jetzt Salz auf das Eis streuen und das Thermometer hineingeben. Was passiert jetzt? Das Thermometer sinkt weiter unter Null. Es wird noch kälter.
- Ein Thermometer malen und Temperaturen einzeichnen.
- Täglich Temperaturen messen und in eine Skala einzeichnen. (Idee aus: Niggemeyer, Hibon: Spielzeug Physik, Luchterhand Verlag, Weinheim 1999)

Weitere Angebote

- Besuch der Wanderausstellung *Vom Küken zum Ei* in Kindermuseen
- Selbst eine Ausstellung *Rund um das Ei* gestalten: Kinder sammeln und bringen mit z.B. ein verlassenes Nest, Federn, Bilderbücher, Fotos, Plüschtiere, ausgeblasene Eier von Hühnern, Gänsen und verschiedenen Vögeln, Eieruhr, Eierwärmer, Eierbecher usw.
- Mit dieser Ausstellung Ratespiele gestalten: Immer einen Gegenstand wegnehmen und die Kinder müssen diesen erraten oder einen Gegenstand aussuchen und eine kleine Geschichte dazu erfinden; diese könnte wiederum als Bilderbuch dargestellt werden
- Wozu werden Eier gebraucht? (Kuchen – Spiegelei – Rührei – gekochtes Ei – Eischnee – Baiser – Waffeln – Pfannkuchen)

- Rohes Ei untersuchen
- Eier in Eigelb und Eiweiß trennen
- Eier bemalen
- Ratespiel: Welche Tiere kommen aus dem Ei?
- Kreisspiel: *Tuk, tuk, tuk ihr Hühnerchen, was habt ihr denn getan …*
- Lied: *Der Hahn läuft im Hühnerhof hin und her…*

Literaturtipps:

Das Ei. Meyers kleine Kinderbibliothek. Band 1. Bibliographisches Institut, Mannheim 1991

Ein toter Vogel auf dem Dach

Die Kinder entdecken vom Fenster des Bauraumes einen toten Vogel auf dem Dach. Ganz aufgeregt berichten sie, dass etwas Schreckliches passiert ist: Ein toter Vogel liegt auf dem Dach. Sofort stellen sie Vermutungen an, was dem Vogel passiert sein könnte. Vielleicht ist er zu schnell geflogen und dann abgestürzt, oder er ist am Gitter des Daches hängen geblieben. Er könnte auch krank gewesen sein. Im Morgenkreis wird dieses Ereignis bekannt gegeben und beratschlagt, was zu tun ist. Es kommen Vorschläge wie: *„Ausstopfen – zum Tierarzt gehen – in die Mülltonne werfen – ein Loch graben und verbuddeln!“*

Alle Überlegungen werden auf das Für und Wider durchgesprochen.

Bergung und Identifikation des Vogels

Der Vogel soll begraben werden. Aber: Wie kommt der tote Vogel vom Dach herunter? Eine Leiter muss her! (Handschuhe nicht vergessen wegen Krankheitsübertragung) Wo kommt der Vogel hinein, bevor er vergraben wird? In eine Tüte, einen Plastiksarg, eine gezimmerte Holzkiste wie bei den

Menschen oder in eine Pappschachtel? Wer gräbt das Loch? Jannik, Leon und Ralf bringen Spaten von zu Hause mit. Die Lösung mit der Pappschachtel erscheint am einfachsten und umweltfreundlichsten. Im Abstellraum findet Vanessa eine passende Schachtel. Alle Kinder beobachten die Bergung des Vogels vom Dach. Die Schachtel mit dem toten Vogel tragen die Kinder vorsichtig durch den Garten. Die Großen lassen die Kleinen hineinsehen und achten darauf, dass diese den Vogel nicht anfassen. So nehmen die Kinder Abschied. Jetzt taucht natürlich die Frage nach der Vogelart auf. Jannik und Leon holen sich einen Naturführer und beginnen zu blättern. Es ist ein Buntspecht. Zuerst dachten alle, der Vogel hätte sich verletzt und wäre blutig am Bauch. Jetzt erkennen die Kinder, dass der Buntspecht am Bauch rote Federn trägt. Ihm kommt als Vertilger von Schädlingsinsekten eine große Bedeutung zu.
Freya bemerkt: *„Wenn Familie Specht nicht wär' - gäb's bald keine Wälder mehr."* Auf diese Bemerkung hin schließt sich ein Gespräch über das Leben des Buntspechts an.

Das Vogelgrab

Ralf, Leon und Jannik suchen einen geeigneten Platz für den Vogel im Garten aus und graben ein Loch. Zwischendurch legen sie die Schachtel öfters hinein, um zu sehen, ob das Loch schon groß genug ist. Immer wieder unterhalten sich die Kinder über die mögliche Todesursache. Sie sind zutiefst bewegt über das Schicksal des Buntspechts und gehen sorgsam und vorsichtig mit dem toten Tier um. Es findet eine richtige Beerdigung statt, bei der sie Abschied nehmen. Ein Kind macht den Vorschlag: *„Wir könnten ja ein Lied singen oder beten."* Vanessa stimmt ein Lied an, das sie noch aus der Kinderkrippenfeier kennt: *Gott hat uns einen Brief geschrieben …* Andere verabschieden sich mit persönlichen Worten. Nach dem Zuschaufeln

BUNTZ PECHT

des Grabes ist es den Kindern wichtig, ein Kreuz aufzustellen und Blumen auf das Grab zu legen. Leon geht in die Werkstatt, sucht sich passende Bretter aus, bohrt Löcher, schraubt ein Kreuz zusammen und stellt es mit Jannik am Grab auf. Dieses Kreuz soll eine Inschrift erhalten. Sie beschriften es mit dem Namen „Buntspecht". In der Gärtnerei berichten die Kinder über den Todesfall im Kindergarten und tragen ihre Bitte nach ein paar Blümchen vor. Für das Grab dürfen sie sich kostenlos einige Stiefmütterchen aussuchen, die auch sofort eingepflanzt werden. Als Ralf von seiner Mutter abgeholt wird, erzählt er von der Vogelbeerdigung und beginnt zu weinen. Das zeigt, wie intensiv die Kinder erleben und wie wichtig es ist, diese Erlebnisse aufzugreifen. Geboren werden – leben – sterben sind ganz natürliche Vorgänge, mit denen die Kinder konfrontiert werden. Deshalb muss auch ganz natürlich und realistisch mit ihnen umgegangen werden. Trauer zulassen, die Kinder nach ihren individuellen Bedürfnissen in ihrer Trauer, ihren Ängsten begleiten und trösten, sei es nur durch Nähe, Gesprächen: Dies trägt wesentlich zur Trauerverarbeitung bei.
Erst nach einem Besuch auf dem Grabsteinlager ist für Ralf dieses Ereignis abgeschlossen. Er bittet den Steinmetz um einen Stein für das Vogelgrab. Da es ein Buntspecht war, soll auch der Stein bunt sein. Ralf schleppt ihn den ganzen Weg zum Kindergarten und setzt ihn auf das Grab.

Trauerbewältigung

Ich habe bei meinen eigenen Kindern erlebt, wie wichtig es ist, sich von geliebten Tieren verabschieden zu können.
Ein Hase musste eingeschläfert werden. Um den Kindern den Abschied zu erleichtern, brachte ich den toten Hasen nicht wieder mit nach Hause zurück. Ich erreichte damit jedoch das Gegenteil. Alle überhäuften mich mit Vorwürfen, sodass ich zum Tierarzt fuhr und das tote Tier wieder abholte.

Jeder wollte sich von Fritzi verabschieden. Würdevoll wurde er in einer Ecke unseres Gartens begraben. Mein Sohn Malte stellte ein Grablicht auf und zündete jeden Abend eine Kerze darin an. Ich habe begriffen, dass Kinder ein Recht darauf haben zu trauern, sich in ihrer eigenen Weise zu verabschieden. Die Intensität und Dauer des Abschiednehmens ist individuell unterschiedlich. Wichtig ist immer die angemessene Begleitung und die einfühlsame Unterstützung durch Nähe oder auch Distanz. Erleichterung in der Trauerverarbeitung bringt die Erinnerung an das verstorbene Tier anhand von Fotos oder Dingen und die Mitarbeit bei der Bestattung.
Trauer, die gelebt wird, wirkt befreiend.

„Spiel ist Arbeit"

Der ganzheitliche Bildungsprozess von Jannik, Leon und Ralf beginnt mit dem Entdecken des toten Vogels. Die Kinder unterhalten sich über den Tod, äußern Vermutungen, stellen Überlegungen an, wo der Vogel jetzt ist – *„vielleicht im Vogelhimmel"*. Sie kommunizieren miteinander, beraten, diskutieren, kooperieren und organisieren. Sie finden Lösungen und treffen Entscheidungen. Aus Büchern holen sie sich Informationen und erkennen, dass Bücher wichtig und wertvoll sind und als Nachschlagwerk dienen. Selbstständig besorgen sie Werkzeug, führen Arbeiten aus, kontrollieren immer wieder die Größe des Loches, indem sie das Loch abmessen. Sie betätigen sich körperlich, setzen ihre Kräfte beim Graben ein. Eine Sache wird zielstrebig und ausdauernd durchgeführt. Die Kinder bleiben am Thema, wollen ständig weiterarbeiten, weil es ihr Thema ist und nicht das Thema der Erzieherinnen. Es ist den Kindern ernst, es ist „Arbeit". Deshalb müssen sie auch in ihrem Tun ernst genommen werden. Die Erzieherin ermöglicht und begleitet das Vorhaben. Blumen holen die Kinder vom Gärtner, den Grabstein vom Steinmetz. Sie lernen sich auszudrücken, Wünsche zu äußern und zu verhandeln. Ihre Anliegen werden ernst genommen auch von den Geschäftsleuten. So findet Vernetzung mit dem ganzen Stadtteil statt.

Literaturtipps:

Alex, Marlee u. a.: Großvater und ich und die traurige Geschichte mit dem kleinen Kätzchen. Brunnen-Verlag, Gießen 1998

Ardley, Neil: Vögel. Erkennen und Bestimmen. Naumann & Göbel, Köln 1998

Hagen, Hans / Geelen, Harrie: Still, ich denke an das Huhn. Middelhauve Verlag, München 1996

Renne: Ich komme aus dem Ei. Ein Sachbilderbuch. Kerle Verlag, Freiburg 1997

Riha, Susanne: Spazier mit mir durchs ganze Jahr. Annette Betz Verlag, Wien 1985.

Varley, Susan: Lebwohl, lieber Dachs. Annette Betz Verlag, Wien 2000 (Bilderbuch auch als Dia-Reihe erhältlich)

Velthuijs, Max: „Was ist das?" fragt der Frosch. Verlag Sauerländer, Aaran 1991 (Bilderbuch auch als Videokassette erhältlich)

Wild, Margaret / Brooks, Ron: Das Licht in den Blättern. Moritz Verlag, Frankfurt 1997

Hasenstall und Freigehege

Projektfindung und Planung

Projektfindung

Das Projekt nimmt seinen Anfang darin, dass eine Mitarbeiterin begeistert von einem Wurf 14 junger Häschen erzählt. Interesse und Neugier sind geweckt, nachdem die Kinder den Nachwuchs auch noch sehen können. Sie erzählen daraufhin von ihren Haustieren, von Zwergkaninchen und Stallhasen. Um auf die Bedürfnisse der Kinder einzugehen veranstaltet der Kindergarten einen Hasentag, an dem jeder seine Tiere mitbringt. Mit Kisten und Käfigen erscheinen die Kinder im Garten. Es wird gestreichelt, gekrault, auf den Schoß genommen und mit den Tieren geredet. Auch mit den jungen Häschen der Mitarbeiterin nehmen die Kinder ersten Kontakt auf. – *„Dürfen wir eins im Kindergarten behalten?“*, ist die ausschlaggebende Frage. Aber wo soll es wohnen? Und würde es sich so alleine wohl fühlen? – *„Der Hühnerstall steht leer“*, war die Antwort der Kinder, *„er ist groß genug, da können auch zwei Hasen wohnen.“* Der Wunsch der Kinder und der liebevolle Umgang mit den Tieren sind entscheidend für den Beginn eines Hasenprojekts. Der Hühnerstall wird in einen Hasenstall umgebaut und das Freigehege hergerichtet.

Projektleitung

Alle interessierten Kinder finden sich zu einer Projektgruppe zusammen. Die Leitung dieser Projektgruppe übernimmt eine Mitarbeiterin, die ebenfalls für dieses Thema begeistert ist, denn nur die eigene Motivation lässt den Funken auf die Kinder überspringen. Freude, Erwartung, Tatendrang sind

Voraussetzung für den Einstieg in das Projekt. Die Projektleiterin führt ein Protokoll über die Gespräche der Kinder und die einzelnen Tätigkeiten, das den Eltern zur Einsicht aushängt. Das Projekt wird in Wort und Bild dokumentiert. So können sich Kinder und Eltern stets einen Einblick über den Verlauf verschaffen. Die Vorschläge der Kinder in die Tat umzusetzen ist nun die Aufgabe der Projektleiterin. Sie zieht Erkundigungen ein, was machbar ist, und informiert die Eltern der Projektkinder über deren Teilnahme und die damit verbundenen Exkursionen.

Gemeinsame Planung

Die gemeinsame Planung beginnt. Jeder Teilnehmer bringt sich mit seinem Wissen, seinen Vorschlägen oder Wünschen ein: Was wollen wir zusammen tun? Die Kinder sprudeln vor Ideen: Hasen besuchen, Ställe anschauen, die Tierhandlung von Franziskas Oma besuchen, einen Knabberbaum bauen, Namensschildchen für die Hasen schreiben. Es entsteht ein reges Gespräch über den Bau der Namensschildchen, wer sie anfertigt, beschriftet, aus welchem Material sie gebaut werden, dass man kein Papier nehmen kann, weil das nass wird und aufweicht – Holz ist viel besser. Die Kinder stellen sich an der „Projektwand" (für Dokumentationen) vor. Jedes Kind malt einen Hasen und beschriftet diesen mit seinem Namen.

Sich informieren

Die eigentliche Durchführung des Projekts beginnt auf Wunsch der Kinder mit der Besichtigung einiger Hasenställe, denn bevor mit dem Bau begonnen wird, erfolgt die Information. Fast eine ganze Woche ist die Gruppe unterwegs, um sich bei den Projektkindern, den Opas oder Nachbarn Hasenställe anzuschauen. Kinder übernehmen die Regie: Sie treffen Vereinbarungen mit Verwandten oder Nachbarn, machen Termine aus. Auf dem Weg zu den Hasen pflücken die Kinder Klee, Schafgarbe, Löwenzahn und Spitzwegerich – Gräser, die Hasen gerne mögen und deren Begriffe die Kinder nebenbei kennen lernen. Manche Hasen fressen aus der Hand und lassen sich streicheln, wenn die Kinder nicht so laut sind und sich nur langsam bewegen. Ställe werden von außen und innen genauestens inspiziert. Die Kinder achten auf Material und Bauweise und ab und zu entdecken sie auch einen kleinen Freilauf für die Hasen. Sie gucken, vergleichen, skizzieren und erzählen. Dabei stellen sie fest, dass Hasen Löcher graben. Was muss getan werden, dass die Hasen nicht entwischen? Nach verschiedenen Meinungen der Kinder schlägt Meike vor: *„Wir legen Steine auf die Erde, damit sie nicht graben können.“* Diesen Vorschlag akzeptieren alle. Während eines Besuchs im Wildpark verschaffen sich die Kinder einen Einblick in verschieden große Freigehege. Hier können die Tiere artgerecht leben und sind nicht ständig in einen Käfig gesperrt. Die Reaktion der Kinder: *„So schön sollen es unsere Hasen auch haben!“*

Bau des Hasenstalls

Nach den vielen Besichtigungen fertigt jedes Kind ein Stallmodell aus Ton. Das Material wird zuerst mit allen Sinnen wahrgenommen und dann bearbeitet. Aus der Fantasie oder der Erinnerung entstehen Hasenställe, Wurfhäuschen, Freigehege und natürlich Hasen. Die Kinder denken mit und begründen ihr Tun: Franziska: *„Ich tone noch ein Dach für das Freigehege, dass sich die Hasen bei Regen darunter setzen können.“*

Mit den fertigen Modellen wird gespielt. Kinder erfinden Hasengeschichten. Im Baubereich entsteht eine Wald- und Wiesenlandschaft aus Wurzeln, Steinen, Hölzern und Tüchern, in der die Hasen zu Hause sind. Hier spielen sich auch die fantasiereichsten Geschichten ab. Immer wieder wird auf- und umgebaut, verändert und verbessert. Gleichzeitig überlegen sich die Kinder,

wie der echte Hasenstall aussehen soll. Sie diskutieren, treffen Entscheidungen und bringen ihr vorhandenes Wissen ein.

Da der ehemalige Hühnerstall nur umgebaut wird, bleiben die Außenwände so, wie sie sind. Sie werden lediglich von den Kindern bemalt und mit einem Fenster versehen, damit alle hineinschauen können. Für den Innenbereich planen die Kinder ein so genanntes Wurfhäuschen aus Sperrholz zum Verkriechen. Das Material wird besorgt und in der Werkstatt bearbeitet. Dabei lernen Kinder eine Vielzahl von handwerklichen Tätigkeiten kennen: Sägen, Schleifen, Bohren, Nageln, Schrauben, Leimen. Innerhalb des Freigeheges helfen die Kinder mit dem Spaten das Gras abzustechen und ebnen den Boden für das Legen der Pflastersteine. Dies erweist sich als sehr mühsam.

Meike: *„Da muss man sich aber ganz schön viel bücken, alte Leute kriegen beim Bücken immer Kreuzschmerzen.“*

Beim Auflockern der Erde entdecken die Kinder viele Regenwürmer und die „Pflasterer“ werden zu „Regenwurmsammlern“. Nach dem Begutachten der Würmer in der Lupendose geht die Arbeit weiter. Mit dem Tucker befestigen die Kinder einen Maschendraht an den Zaunlatten, damit die Hasen nicht durchschlüpfen können. Mit dem Hänger gehen sie zum städtischen Bauhof, um Granitsteine zu holen. Dann wird gepflastert. Die Kinder sind stolz, dass sie mit echten Werkzeugen arbeiten dürfen und haben das Gefühl *„Ich kann etwas, ich habe etwas geschafft, ich werde ernst genommen“*. Immer wieder reflektiert die Projektleiterin mit den Kindern und bespricht das weitere Vorgehen.

Franziska besteht auf den Unterschlupf im Freigehege: *„Wir brauen einen Unterschlupf, falls es regnet. Wir könnten doch einen Karton nehmen.“*

Hanna: *„Da schneiden sich die Hasen vielleicht dran.“*

Meike: *„Oder sie knabbern ihn kaputt!“*

Marvin: *„Der Karton kann doch durchweichen, wenn es regnet, wir nehmen lieber eine Holzkiste!“*

Hasen ganzheitlich erfahren

Hasen nähen für das Kuschelhasenfest

Ein Wunsch der Kinder war das Basteln von Hasen. Welches Material soll verwendet werden? Papier, Holz, Stoff oder Fell? Die Kinder einigen sich auf Stoff. Dieser wird doppelt gelegt, ein Hase wird aufgemalt, ausgeschnitten und mit der Maschine genäht. Nur bei den Rundungen benötigen die Kinder die Hilfe der Projektleiterin. Es entstehen Hasen in allen Größen und Formen. Da diese Kuschelhasen die Kinder täglich im Freispiel begleiten werden, sind sie sehr wertvoll für Kinder. Deshalb wird ein Kuschelhasenfest gefeiert. Kinder treffen Vorbereitungen und planen, wie es aussehen soll, was gebraucht wird. Das Fest findet zunächst im Stuhlkreis statt, die

selbst genähten Hasen sitzen zwischen den Kindern. Neben Kreis- und Fingerspielen hören die Kinder noch eine Geschichte, die von den natürlichen Feinden der Hasen (Wiesel, Fuchs, Iltis, Marder, Eule) erzählt. Der krönende Abschluss des Festes ist das gemeinsame Essen und Trinken. Ein Möhrenkuchen steht auf dem Speiseplan, der von den Kindern am Vortag gebacken wird. Diese Feste feiern die Kinder sehr gerne. Sie fühlen sich als Initiatoren und Ausrichter. Feste in dieser Art finden während des ganz normalen Tageslaufes statt. Es muss nichts eingeübt werden, Vorbereitungen werden mit den Kindern getroffen, daher entsteht auch kein Stress bei Kindern und Mitarbeiterinnen. Es ist ein fröhliches Miteinander, bei dem Kinder und Erwachsene Erfahrungen in vielen Bereichen machen, wie z.B. Organisation, Kommunikation, Musik und Gesang, Sozialisation, hauswirtschaftliche und kognitive Tätigkeiten.

Fell mit den Sinnen wahrnehmen

Durch Tasten und Fühlen begreifen die Kinder ein Stück Fell. Sie sprechen aus, was sie erfahren. Begriffe wie *weich, zart, glatt, warm* oder *kuschelig* werden dem Fell zugeordnet. In einer gemeinsamen Unterhaltung über das Fell kommen die Kinder auch auf die Tarnfarbe und die Bedeutung des Fells zu sprechen. Sie erwähnen das Chamäleon, das seine Farbe sogar wechseln kann. Für die Balz, den Kampf oder zum Schutz verändern Tiere oft sekundenschnell ihre Farbkleider. Selbst der Artenschutz der Tiere kommt zur Sprache (Pelzmäntel). Das Anfassen des Fells löst ein angenehmes Gefühl aus. In der Geschichte *Die kleinen Leute von Swabeedo* schenkt man sich gegenseitig Pelzchen als Zeichen der Freude und des Miteinanders.

In der Zoohandlung

An einem Tag fährt die ganze Projektgruppe zur Zoohandlung, um Trockenfutter, Futter- und Trinknapf für die Hasen zu kaufen. Neben Hasen machen die Kinder Bekanntschaft mit vielen anderen Kleintieren. Sie bewundern die Fähigkeiten der Springmäuse, beobachten, wie Tiere ihren Nachwuchs mit dem Maul herumtragen, wie weibliche Tiere ihre Jungen säugen. Viele Neugeborene sind nackt und blind, Vögel und Fische erscheinen in leuchtenden Farben. Können Tiere sprechen? Wie unterhalten sie sich? Fische reden beispielsweise durch Farbmuster und Bewegungsabläufe. Manche Fische tragen bei Angriffsstimmung Querstreifen und bei Fluchtstimmung Längsstreifen. Andere Tiere unterhalten sich durch Farben, Formen, Laute, Düfte und Bewegungsweisen.

In der Bibliothek

Nach dem Zoogeschäft gehen die Kinder zur Bibliothek und suchen Sach- und Bilderbücher zum Thema *Hasen* aus. Diese werden teilweise vorgelesen, allein oder mit der Projektleiterin durchgeblättert. So können Kinder vieles über artgerechte Haltung, Pflege, Fütterung oder Vermehrung erfahren. Im Freispiel malen sie Hasen, Stall oder Szenen aus den Büchern.

Hasenfrühstück

Was Hasen gerne fressen, wissen die Kinder schon: verschiedene Gräser oder Obst- und Gemüsesorten, die auch für die Menschen sehr gesund sind und darüber hinaus auch noch gut schmecken. Die Kinder bringen von zu Hause Kohlrabi, Karotten und Äpfel mit und bereiten ein Hasenfrühstück zu. Mit der Raspelmaschine zerkleinern sie das Gemüse. Dann dürfen alle einmal kräftig durchmischen, noch etwas Würze – fertig ist der Rohkostsalat! Das

Hasenfrühstück wird zum ganzheitlichen Erlebnis, wenn die Kinder gemeinsam den Tisch mit Decken, Blumen, Kerzen, Servietten und Geschirr decken. Ein Dankgebet oder frei gesprochene Gedanken laden alle zum Essen ein. Die Kinder schaffen den Rahmen des gemeinsamen Essens in größtmöglicher Selbsttätigkeit. Die Atmosphäre ist einladend, angenehm und das Essen wird zu einem kleinen Fest für die Kinder. Ganz selbstverständlich wird der Tisch abgeräumt, abgeputzt, Geschirr gespült und aufgeräumt – wie in echt! Die Kinder ernst nehmen, ihnen etwas zutrauen, sie beteiligen, das ist die Aufgabe der Erzieherin, denn „beteiligte Kinder sind glückliche Kinder“!

Check up des Hasenstalls

Der Hasenstall wird für die Hasen hergerichtet: Es wird Heu zum Knabbern und Stroh besorgt, damit es die Hasen warm haben, Wurfhäuschen, Trink- und Futternapf werden hineingestellt. Ein letzter Check up, bevor die Hasen kommen. – *„Unsere Hasen brauchen noch Namen!“* Alle Kinder bringen Vorschläge und stimmen ab. Die beiden Hasen werden *Lotti* und *Karotti* heißen. Lena und Lorena malen zwei große Hasen auf Holz auf. Das werden die Namensschildchen. Nach dem Aussägen, Schmirgeln, Anmalen und Beschriften werden sie mit dem Akkuschrauber am Lattenzaun befestigt. An der Werkbank entsteht in der Zwischenzeit ein „Knabberbaum“ für die Hasen. Giulia bohrt Löcher in einen Holzklotz, in die dann Ästchen oder Mohrrüben als Leckerbissen gesteckt werden können. Diesen „Knabberbaum“ gräbt sie im Freigehege ein.

Begrüßungsfest für die Hasen

Endlich ist es soweit. Alles ist gerichtet, die Hasen können einziehen. Es soll ein richtiger Festtag werden, der natürlich geplant sein muss. Wann, wie und wo werden die Hasen geholt?

Hasenfestzug

Juliane bemalt ein weißes Betttuch. Es wird an einem Holzstab zur Fahne befestigt. Marina und Meike schmücken den Bollerwagen mit Tüchern, Blumen und Zweigen. Alle Kindergartenkinder sind eingeladen, beim Abholen der Hasen dabei zu sein. Kinder nehmen Rhythmusinstrumente, Flöten und Gitarre mit, denn bei einem richtigen Festzug spielt die Musikkapelle. Und dann geht's los. Die Hasen werden abgeholt. Die Kinder heben den Käfig auf den Bollerwagen und stellen sich zu Hasenfestzug auf. Voraus geht die Fahnenträgerin, ihr folgen die Musikanten, zum Schluss gehen die Kinder mit dem Bollerwagen und der wertvollen Fracht. Mit Gesang, Gitarren- und Flötenbegleitung marschieren alle durch das Dorf zum Kindergarten. *Ha, ha, ha, die Hasen kommen, Hasen kommen, Hasen kommen …* – dieses Lied begleitet den Marsch zum Kindergarten. Zunächst noch etwas ängstlich nehmen die beiden Hasen Stall und Freigehege an.

Impfen kostet Geld

In ihrem neuen Zuhause fühlen sie sich bald sichtlich wohl. Damit sie nicht erkranken, müssen sie geimpft werden. Das kostet natürlich Geld. Die Kinder überlegen und bringen Vorschläge, wer die Impfung bezahlen soll: *„Jeder ein bisschen – oder die Kindergärtnerinnen – vielleicht kriegen wir es geschenkt – oder unsere Eltern – wir könnten ja sammeln – wir nehmen eine Kiste, machen einen Schlitz oben hinein, stellen sie vor die Tür und schreiben drauf: Bitte Geld einwerfen für Impfung und Hasenfutter, wir können das nicht allein bezahlen, weil es so teuer ist."* Marvin geht auf den Dachboden, holt einen Karton, den er beklebt, beschriftet und als Spendenbox vor die Tür stellt. Andere Schätze des Dachbodens, wie ein alter Korb und eine Kiste, kommen noch in das Freigehege. Die Eltern ermöglichen durch ihre Spende das Impfen der Hasen. Der Tierarzt kommt und nimmt vor den Augen der Kinder die Impfung vor. Alle schauen zu. Zwei besonders mutige Kinder halten die beiden Hasen auf ihren Armen, reden ihnen gut zu, streicheln sie und meinen *„gleich ist alles vorbei!"*

Versorgungsdienst

Da *Lotti* und *Karotti* auch an den Wochenenden Hunger haben, wird ein Elternversorgungsdienst eingerichtet. In einen aushängenden Kalender tragen sich Bereitwillige ein, um die Fütterung am Samstag und Sonntag zu übernehmen. Auch unter der Woche denken Eltern und Kinder an die beiden Häschen und bringen kleine Leckerbissen mit. Die Hasen sind inzwischen aus dem Kindergartenalltag nicht mehr wegzudenken.

Auch Tiere können sich verletzen. Ein Hase reißt sich den Hoden auf. Einschläfern oder Operation? Der Hase ist inzwischen zum Freund und Wegbegleiter der Kinder geworden. Es wird alles versucht, um ihn zu retten. Der Tierarzt nimmt eine Operation vor, die allerdings Geld kostet. Also kommt die Spendenbox wieder vor die Tür. Viele Eltern spenden großzügig und erkundigen sich täglich nach dem Befinden des Hasen, der einige Tage unter besonderer Fürsorge bleiben muss.

Aufgrund eines Todesfalls in der Familie eines Kindergartenkindes bekommen die Hasen zwei Meerschweinchen als Mitbewohner. Diese können zu Hause nicht mehr versorgt werden, die Kinder müssen sich jedoch so nicht endgültig von ihnen trennen. Hasen und Meerschweinchen leben mit den Kindern. Sie nehmen am Spiel der Kinder teil, werden herumgetragen und gestreichelt, begleiten die Kinder in die verschiedenen Spielbereiche, dürfen auf der Wiese laufen, werden von den Kindern versorgt, gefüttert und ausgemistet. Eine Mitarbeiterin ist nach wie vor für die Tiere zuständig. Sie begleitet die Kinder in ihrem Tun. Den Umgang mit den Tieren geben die Großen stets an die Kleinen durch Vorbild und Einweisung weiter.

Ein Mitglied des Kleintierzuchtvereins besucht die Projektgruppe und bringt Informationen über verschiedene Arten von Kaninchen mit. An diesen „Fachmann“ richten die Kinder ihre Fragen.

Präsentation des Projekts

Das Hasenprojekt endet wie alle Projekte mit einer Präsentation, die mit den Kindern geplant wird. Diese Präsentation ist noch einmal ein kleiner Höhepunkt des Projekts. Eifrig treffen die Kinder Vorbereitungen, basteln Einladungskarten für die Eltern, backen Hasenplätzchen und beschließen, das Tischtheater vorzuspielen. Die Erzieherin stellt das Projekt zusammen-

hängend vor, zeigt Dias und stellt die Werke der Kinder aus. Anhand der vielen Fotos erzählen die Kinder von ihren Erlebnissen.
So wandelt sich auch die Elternarbeit. Eltern werden in die Projekte einbezogen. Sie stehen mit Rat und Tat zur Seite, sei es durch Fahrdienste, Mithilfe beim Bauen, Besorgen von Materialien oder beim gemeinsamen Abschluss. Dieses Projekt fördert ganzheitliches Lernen mit Herz, Hand und Verstand. Ein Lernen, das nebenbei geschieht, nicht geübt wird und allen Beteiligten viel Freude macht.

Weitere Angebote

- Fingerspiele

  Es war einmal ein Häschen, das putzt sich nie sein Näschen.
  Da sprach die Frau Mama: „Du liebes kleines Häschen, putzt du dir nie dein Näschen, dann sag' ich's dem Papa."
  Da lief das kleine Häschen hinaus und suchte sich ein großes Kohlblatt aus und putzt damit sein Näschen und lief dann schnell nach Haus'.
  Die Mutter sah es kommen, hat's in den Arm genommen
  und gab ihm einen Kuss: „Du liebes kleines Häschen, so sauber ist dein Näschen und nicht mehr schwarz wie Ruß, drum gleich noch einen Kuss."

  Klein Häslein woll't spazieren geh'n ..., spazieren ganz allein.
  Da hat's das Bächlein nicht geseh'n und plumps, schon fiel's hinein.
  Das Bächlein fließt dem Tale zu, dort wo die Mühle steht
  und wo sich ohne Rast und Ruh' das große Mühlrad dreht.
  Ganz langsam drehte sich das Rad, drauf saß der kleine Has'
  und als er oben angelangt, sprang er beiseit' ins Gras.

Da lief das Häslein schnell nach Haus', vorbei war die Gefahr,
die Mutter klopft das Fellchen aus, bis dass es trocken war.

- Kreisspiel: *Häschen in der Grube …*
- Beobachten wie Tiere miteinander kommunizieren, sich etwas mitteilen und die Mitteilung verstehen
- Henne und Küken beobachten, Tiere beim Balzen (Enten: das Hetzen des Weibchen, Pfau schlägt ein Rad, Henne scharrt mit dem Fuß und Lockruf)
- Geschichte: *Die kleinen Leute von Swabeedo, Der Wettlauf zwischen Hase und Igel*

Literaturtipps:

Bilderbücher

Blake, Jon / Scheffler Axel: He Duda. Beltz & Gelberg Verlag, Weinheim 1999

McBratney, Sam / Jeram, Anita: Weißt du eigentlich, wie lieb ich dich hab? Sauerländer Verlag, Aarau 2000

Pfister, Marcus: Hoppel. Nord-Süd Verlag, Hamburg 1991

Sachbücher

Dröscher, Vitus B.: Tiere, wie sie sehen, hören und fühlen. Was ist was. Band 80. Tessloff Verlag, Nürnberg

Sielmann, Heinz (Hg.): Heimtiere. Was ist was. Band 72, Tessloff Verlag, Nürnberg 1999

Die „Kindergarten-schweinekäufer“

Projektfindung und Planung

Dieses Projekt wurde im Kindergarten St. Peter und Paul „Lernwerkstatt für Kinder“ in Hammelburg/Westheim durchgeführt.

Projektfindung

Bei der Gestaltung unseres Weihnachtsweges *Josef und Maria unterwegs* kommen wir auf das Thema *Stall* zu sprechen. Um „echte“ Stallerfahrungen zu machen, besuchen wir den Bauernhof von Julias und Sophies Großeltern. Neben dem Kuh- und Hühnerstall schnuppern wir auch im Schweinestall. *„Es stinkt“*, so die erste Bemerkung. Trotzdem halten wir uns dort am längsten auf, denn eine Sau hat Ferkel. Wir dürfen die kleinen Schweinchen sogar streicheln, auf den Arm nehmen und die Borsten fühlen.
Beim Ausflug zum Wildpark entdecken wir Hängebauchschweine. Da unser ehemaliger Freilauf für die Hasen leer steht, beschließen wir, uns zwei Schweine anzuschaffen. Wir könnten sogar zwei Hängebauchschweine bekommen. Sie sind jedoch ausgewachsen sehr groß und stinken. Deshalb hätten wir gerne zwei Minischweine. Wir ziehen Erkundigungen ein, wo man diese kaufen kann.

Projektgruppe

In der Kinderkonferenz stellen wir das Projekt vor. Wer möchte am Bau des Schweinestalls mithelfen? Es findet sich eine Projektgruppe von 22 Kindern. Es sind: Laura, Maximilian, Jonas, Paula, Lars, Henrik, Lorena, Luisa, Leonid, Jonas, Fabian, Greta, Diana, Freya, Malte, Julia, Sophia, Leon, Rene, Jannik, Hanna, Lena.

Was wissen wir schon von Schweinen

Jonas: *„Sie fressen Äpfel."*
Malte: *„Sie fressen Kartoffeln und Mais."*
Henrik: *„Die werden geschlachtet."*
Lorena: *„Da macht man Wurst und Presssack, den ess' ich gerne."*
Freya: *„Da gibt es Fleisch."*
Sophie: *„Und Schnitzel!"*
Henrik: *„Und Schinken!"*
Lorena: *„Und Blutwurst!"*
Fabian: *„Und Wiener. Unsere Schweine werden nicht geschlachtet. Wenn sie nun aber doch zu groß werden?"*
Leon: *„Dann werden sie doch geschlachtet!"*
Jonas: *„Oder sie müssen abnehmen!"*

Was wollen wir zusammen tun

Es kommen Vorschläge wie:
Paula: *„Wir könnten Schweine malen und ausschneiden."*
Jonas: *„Und aufkleben!"*
Laura: *„Schweine basteln – einen Schweinestall bauen!"*
Jannik: *„Einen Stall zum Hineinschauen!"*
Laura: *„Und ein Schlammloch für die Schweine!"*
Jonas: *„Wir müssen Futter besorgen z. B. Apfelstückchen und Stroh für den Stall."*

Lorena: *„Wir gehen zu den Schweinen, nehmen Stühle und Tische mit und malen die Schweine."*
Lena: *„Wir brauchen auch Namen für die Schweine. Was essen und trinken denn die Schweine?"*
Erzieherin: *„Wo könnten wir uns denn informieren?"*
Kinder: *„Wir fragen den Opa von Julia und Sophie – Wir könnten am Klaushof fragen oder den Verkäufer."*

Wir müssen die Schweine also kaufen. Aber von wem?
Lena: *„Vielleicht vom Wildpark Klaushof!"*
Jonas: *„Oder vom Schweinezüchter!"*
Lorena: *"Vom Metzger!"*
Freya: *„Nein, der schlachtet doch die Schweine!"*

Wir stellen fest, dass ein Schwein Geld kostet, wir aber kein Geld haben.
Freya: *„Wir müssten eine Spende haben."*
Jonas: *„Wenn man singt und einen Hut hat, dann kriegt man eine Spende."*
Lena: *„Wenn man etwas verkauft, z.B. ein Bild."*
Jonas: *„... oder auf den Flohmarkt gehen mit alten Sachen."*
Lena: *„Wir könnten auch sparen!"*
Jonas: *„Da gibt es einen Mann, der steht da oben, aber ich weiß nicht, wie der heißt. Und dann sagen die Leute 1 Euro, und dann 2 Euro und dann 3 Euro und ich weiß auch nicht, wie das heißt."*
Jonas erklärt hier den Begriff „Versteigerung".

Wie soll unser Projekt heißen

Die Kinder bringen eigene Vorstellungen zum Ausdruck. Alle Namen werden notiert und anschließend abgestimmt.

- Schweineprojekt
- Hängebauchschweinprojekt
- Schweinekinder
- Kindergartenschweinekäufer

Die Kinder entscheiden sich für den letzten Namen.

Durchführung des Projekts

Projektwand

Die Projektwand dient der Transparenz unserer pädagogischen Arbeit. Das Projekt wird in Wort und Bild für Eltern und Kinder dokumentiert, sein Verlauf kann jeder Zeit mitverfolgt werden.
Wir stellen uns an der Projektwand vor. Lena malt ein großes Schwein und alle Teilnehmer schreiben ihre Namen darauf. Die Kinder erzählen, dass sie Bilderbücher von Schweinen oder Schweinekuscheltiere zu Hause haben. Wer etwas von Schweinen hat, darf dies mitbringen – vor der Projektwand entsteht eine *Schweineausstellung*!
Jonas: *„Ich habe noch ein Glücksschwein, da ist ein vierblättriges Kleeblatt drauf!"*
Fabian: *„Und ich habe ein Sparschwein!"*

Eine große, dicke Sau

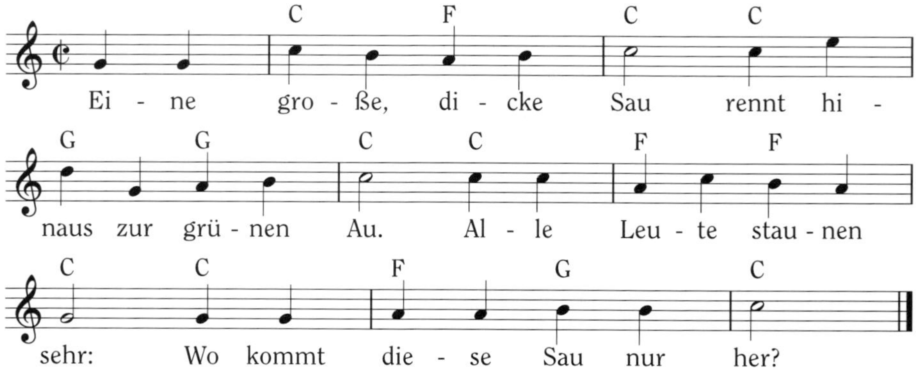

Gestern fuhr der Bauer Schlau
zu dem Metzger diese Sau,
hat ins Schlachthaus sie gebracht,
dass man Wurst und Schinken macht.

Als der Metzger kam daher
mit dem Messer groß und schwer,
riss sich los die dicke Sau.
Hilfe! schrie die Metzgersfrau.

Niemand hat die Sau entdeckt,
weil sie sich im Sumpf versteckt.
In dem Schlamm, der schmutziggrau,
liegt vergnügt die dicke Sau.

Bei der gemeinsamen Planung kommt das Gespräch darauf, dass die Schweine auf dem Bauernhof zum Schlachten gehalten werden. Deshalb singen wir das Lied *Eine große, dicke Sau*. In Form einer Geschichte lernen die Kinder zunächst den Inhalt des Liedes kennen. Gespannt lauschen sie der Erzählung, denken und fühlen mit dem Schwein, das geschlachtet werden soll.
Die Kinder bringen die Geschichte des Liedes zum Ausdruck, indem sie das Schwein aufmalen, ausschneiden, aufkleben und eine Situation dazu gestalten.
Greta bringt das Brettspiel *Schweinsgalopp* mit. Fünf Ferkel machen sich auf Futtersuche. Die Kinder lernen, sich an Spielregeln zu halten, müssen farbige Kärtchen den farbigen Schweinchen zuordnen und schlussfolgernd denken, wenn sie mit ihrem Zug an der Reihe sind.

Sau, Eber, Schweine

Wir unterhalten uns über Schweine und lernen die richtigen Begriffe für die einzelnen Tiere kennen. Das weibliche Tier heißt *Sau*, das männliche *Eber* und die Kinder *Ferkel*. Bei den Wildschweinen heißt das weibliche Tier ebenfalls *Sau*, das männliche *Keiler* und der Nachwuchs *Frischlinge*.
Freya: *„Das habe ich von meinem Papa gewusst, weil der Jäger war.“*

Manchmal sagt man auch zu einem Menschen „du Schwein!“ – Warum?

Leon: *„Immer wenn ich rülpse, dann sagt mein Bruder ‚du Schwein!‘ “*
Freya: *„Wenn jemand schmatzt!“*
Laura: *„Das ist ein Ausdruck!“*
Leon: *„Vielleicht sagt man das, weil Schweine schnarchen“*
Jonas: *„… und rülpsen!“*
Laura: *„Die grunzen doch!“*

Julia: „*Wenn jemand wie ein Schwein isst!*"
Lena: „*Wenn man stinkt, sagt man du Schwein!*"
Jonas: „*Wenn man aussieht wie ein Schwein.*"
Lorena: „*Wenn man sich vollgekleckert hat!*"
Erzieherin: „*Warum sagt man da ‚du Schwein!'*"
Freya: „*Weil die Schweine sich im Schlamm wälzen!*"
Lorena: „*Die baden im Schlamm.*" (Hier hören wir vom Begriff „suhlen")
Erzieherin: „*Warum aber baden die Schweine im Schlamm?*"
Jonas: „*Dass nicht so viele Fliegen an sie gehen.*"
Lorena: „*Weil sie das gerne machen.*"
Jonas: „*Vielleicht gehen dann die ganzen Schädlinge weg.*"

Schweine suhlen sich im Schlamm

Wir schauen in einem Buch nach, warum sich die Schweine im Schlamm suhlen. Es stimmt, was wir vermuteten. Parasiten wie Flöhe und Läuse in den Borsten kleben im Schlamm fest, dieser trocknet an, das Schwein schabt die Kruste ab und damit auch die Parasiten. Ein zweiter Grund ist der, dass Schweine nicht schwitzen können und sich deshalb abkühlen müssen.

Wie kommen die Ferkel zur Welt

Für unsere Schweineausstellung werden Ostheimer Figuren mitgebracht. Die Kinder wissen noch genau, dass die kleinen Schweine Ferkel heißen. Wie aber kommen die Ferkel zur Welt. In einem Fotosachbilderbuch schauen wir nach. Der Eber besteigt die Sau.
Jonas: „*Die spielen miteinander.*"
Laura: „*Oder die kämpfen.*"
Freya (kommt und flüstert mir ins Ohr): „*Die lieben sich!*"

Wir sprechen daraufhin über die Paarung, was da passiert, wir lange die Sau trägt, wie die Ferkel zur Welt kommen. Es entwickelt sich ein Gespräch über die Nabelschnur, wozu sie wichtig ist, wie sie durchtrennt wird. Dabei ziehen wir Vergleiche zu den Menschen.

Hier, mein Bauchnabel

In dem Bilderbuch *Hier mein Bauchnabel* finden drei Tiere, Schwein, Hund und Katze heraus, warum sie einen Bauchnabel haben. Sie stellen zuerst verschiedene Theorien auf. Als auch noch eine Gans ihren Kommentar abgibt, dass doch ein Bauchnabel überflüssig sei, bemerkt Paula: *„Die Gans kommt doch aus einem Ei!"* Mutter Sau klärt die drei dann auf. Daraufhin untersuchen die meisten Kinder ihren eigenen Bauchnabel und meinen noch Reste der Nabelschnur zu entdecken.

Schweinegymnastik

Den Kindern wird ein Märchen erzählt. Dazu legen sich alle auf eine Matratze oder ein Kissen.
Leon: *„Ich weiß, was wir jetzt machen, nämlich Schweinegymnastik!"*
Daraufhin beginnen wir mit gymnastischen Übungen, Erlebnisturnen, indem die Kinder Schweine darstellen.

- Alle liegen auf dem Rücken – Arme und Beine nach oben strecken
- In dieser Lage hin und her schaukeln
- Schwung holen und auf Arme und Beine drehen
- Schweine gehen auf Futtersuche, Rüssel (Nase) am Boden, auf allen vieren gehen
- Sich langgestreckt auf den Bauch legen, dehnen und räkeln
- Schweine sind wieder unterwegs – schnell und langsam krabbeln

- Auf zwei Beinen stehen – strecken – Futter vom Baum holen
- Früchte fallen auf den Boden (im Wechsel strecken – bücken)

Dann nehmen alle Kinder auf ihren Kissen wieder Platz und ich beginne mit dem Märchen *Hans im Glück*. Gespannt, konzentriert und aufmerksam lauschen die Kinder den Erzählungen. Zum Abschluss können sie unter Musikbegleitung ein Schweinemandala ausmalen.
Dadurch, dass die Kinder in ihrem Denken und Tun ernst genommen werden, erfahren sie Beteiligung und merken, dass das, was sie sagen, denselben Stellenwert hat wie das Tun der Erzieherin.

Finanzierung des Minischweins

Wir machen uns Gedanken über die Finanzierung unseres Schweins. Ein Wiesenauer Minischwein kostet 300 Euro.
Freya: *„Wir brauchen eine Spende!"*
Leon: *„Oder jeder bringt Geld mit. Wir könnten aber auch jemandem helfen irgendwo arbeiten."*
Freya: *„Wir könnten was machen für die Spende, z.B. Bilder malen von Schweinen und die dann verkaufen."*
Lorena: *„Wir könnten auch die Schweine fotografieren und die Bilder verkaufen oder in einem Rahmen."*
Erzieherin: *„Ich kann die Bilder ja als Karte ausdrucken, die man verschicken kann."*
Freya: *„Als Glückwunschkarte. Wir schreiben dann drauf ‚Viel Glück für's neue Jahr'"*
Fabian: *„Wir könnten auch Schweineplätzchen verkaufen."*
Wir schauen uns im Atelier um, welche Materialien noch zur Verfügung stehen.
Lena: *„Wir könnten auch Schweine tonen, vielleicht Sparschweine."*

Wir entscheiden uns für: Bilder malen – Plätzchen backen – Sparschweine tonen. Die Glückwunschkarten übernimmt die Erzieherin.
Es geht darum, die Eigeninitiative und das unternehmerische Handeln der Kinder herauszufordern und zu unterstützen. Für die Kinder ist dies stets eine Herausforderung, ihr Vorhaben selbst in die Hand zu nehmen, selbst tätig zu werden. Sie sind stolz auf jeden Schritt, der sie ihrem Ziel näher bringt.

Das Sparschwein

Um unser Schwein finanzieren zu können, wollen wir verschiedene Sachen verkaufen. Wir tonen zunächst Sparschweine. Es entsteht eine Vielzahl von Variationen z. B. mit Borsten, Bauchnabel, Zitzen und Ringelschwänzchen. Das Material Ton wird zunächst geklopft, damit die Luft entweicht, zu einer Platte gerollt und um ein zusammengeknülltes Papier gewickelt, das beim Brennen verbrennt und der Körper somit hohl ist. Dann setzen die Kinder Rüssel, Ohren, Schwanz und Beine auf. Zum Schluss schneiden wir einen Schlitz in den Rücken.
Nach dem Brennen glasieren die Kinder ihre Schweinchen. Es entstehen Sparschweine in den unterschiedlichsten Farben und Formen.
Futter für das *Sparschwein* ist das Geld. Im gleichnamigen Bilderbuch geht es darum, dass das freche, kleine Schwein nicht weiß, was *Sparen* heißt.

Schweine in Öl

Da unser Minischwein *Frieda* noch nicht bezahlt ist, beginnen wir mit dem Malen von Schweinebildern, die wir später verkaufen wollen. Mit richtigen Ölfarben auf Paletten stehen die Kinder an den Staffeleien und malen ganz sorgfältig rosa oder schwarze Schweinchen. Durch die Mischung von Farben sehen die Bilder wie richtige Kunstwerke aus und werden von den Kindern

stolz präsentiert. Lena malt den Himmel. Sie mischt Weiß mit Blau. Als ich bemerke, dass sie auch Schwarz mit Weiß nehmen kann, sagt sie: *„Das gibt doch grau, aber bei mir scheint doch die Sonne, da ist der Himmel blau!"*
Leon: *„Ich bin ein richtiger Künstler!"*

Flohmarkt

Wir planen nun endgültig den Verkauf unserer Werkstücke. Mit dem Erlös bezahlen wir das Material für den Schweinestall und das Minischwein.
Wo findet der Verkauf statt?
Freya: *„Auf dem Marktplatz mit Tischen für die Sachen und mit dem Schild ‚Schweinesachen' "*
Jonas: *„Bei einer Versteigerung, wir könnten doch einen Stand halb so wie ein Geschäft bauen."*
Laura: *„Bei unserem Richtfest."*
Freya: *„In einem Geschäft, da wo der NKD ausgezogen ist, oder am Stadtcafe"*
Lena: *„Am Marktplatz vor dem Ihr-Platz."*

Wie findet der Verkauf statt?
Jonas: *„Wir rufen ‚Schweinesachen zu verkaufen!' "*
Erzieherin: *„Da bringe ich meine Glocke mit!"*
Lena: *„Wir schreiben ein Plakat."*

Was soll auf dem Plakat draufstehen?
„Schweinebilder – Karten – Sparschweine – Schweinepuzzle zu verkaufen!"
„Schweineplätzchen in der Tupperschüssel sind umsonst!"
„Wir sind die Kindergartenschweinekäufer aus Westheim!"

Paula: *„Wir fragen die Leute, die was kaufen, ob sie ein Plätzchen wollen.“*
Laura: *„Wir brauchen eine Kasse.“*
Paula: *„Wir nehmen die Staffelein mit für die Bilder.“*
Greta: *„Wir können unser Schweinelied singen.“*
Jonas: *„Stühle, dass wir uns setzen können.“*
Lars: *„Wer nicht helfen will, der stellt sich hinten dran.“*

Wer hilft wo und wann?
Es entsteht ein Durcheinander, jeder ruft dazwischen, wo er helfen will.
Jonas: *„Wir machen eine Arbeitsliste!“*

ARBEITSLISTE

	9.00-9.30	9.30 -10.00	10.00-10.30	10.30-11.00
KASSE	LENA	LENA	LORENA JONAS	LORENA JONAS
SCHWEINE	[illegible]	FREYA	RENE	HENRIK
BILDER	DIANA	JULIA	PAULA	Fabian
KARTEN	HANNA	SOPHIE		
PLÄTZCHEN	GRETA	LAURA	[illegible]	[illegible]
GLOCKE	LEON	LARS	JANNIK	JONAS

Greta und Lena übernehmen das. Sie beschriften die Liste. Alle Kinder tragen sich mit ihrem Namen für einen Zeitraum von einer halben Stunde ein. Unsere Liste hat 24 Spalten, im Projekt sind jedoch nur 22 Kinder. Zwei Kinder müssen sich zweimal eintragen.
Lorena: *„Kein Problem, ich mach' auch eine Stunde!* Lorena und Lena tragen sich für die Kasse ein. Lorena: *„Macht immer nur einer die Kasse? Was kostet denn alles?"*
Wir müssen noch eine Preisliste schreiben.
Greta, Lena, Paula und Leon übernehmen die Gestaltung der Plakate und Preislisten. Hugo und Frieda dürfen auf keinen Fall auf dem Plakat fehlen.

Plätzchen backen wird zur Mathematikstunde

Für den Flohmarkt backen die Kinder Plätzchen zum Verteilen an die Kunden. Die Zutaten bringen sie von zu Hause mit. Den Teig kneten die Kinder mit den Händen. Mit Fabians Schweineförmchen stechen sie die Plätzchen aus. Jeder will natürlich ausstechen, also wird ein Beschluss gefasst: Alle Projektkinder zunächst einmal 5 Plätzchen. Was sich dann vollzieht, ist fast eine Mathematikstunde der ersten Klasse. Die Kinder zählen immer mit und passen auf, dass keiner ein Plätzchen zuviel aussticht. Sie stellen selbst Rechnungen auf: „3 Plätzchen hast du schon, dann darfst du jetzt noch 2 Stück." Sind sie sich einmal nicht einig, wie viele schon ausgestochen wurden, dann zählen sie die ausgestochenen Stellen im Teig nach und stellen fest, dass es bei 3 Kindern erst 15 Plätzchen sein können. Dann werden die Plätzchen auf dem Blech gezählt. Wie viel haben wir schon insgesamt? Wir zählen bis 70. Immer wieder wird weitergezählt, wenn ein Blech fertig gebacken ist. Die Kinder entwickeln dabei ein Gefühl für Mengen und Zahlen und beginnen logisch zu denken. Beim Blick in den Ofen kommt die Bemerkung: *„Die wachsen schon, die werden ganz dick"*. Die Kinder

sitzen vor dem Ofen und singen unser Schweinelied *Eine große dicke Sau*. Zwischendurch kommt immer wieder die Bemerkung: *„Du musst Mehl auf die Walze tun, damit der Teig nicht kleben bleibt!“*
Leon (als die Plätzchen fertig sind): *„Darf ich schon einmal kosten?“*
Julia: *„Was kostet das?“*
Es entsteht ein Gespräch über den Begriff *kosten* und dessen doppelte Bedeutung.
Diana: *„Kosten ist probieren!“*
Leon: *„Weißt du, woher ich das weiß? Von Asterix und Obelix, da hat die Königin auch einen Vorkoster.“*
Die Plätzchen schmecken gut. Da haben wir die richtigen Zutaten mitgebracht. Drüberstreichen könnte man noch etwas, vielleicht Schokolade!
Da wir jedoch keine Schokolade haben und die Plätzchen bereits am darauffolgenden Tag brauchen, werden sie nicht bestrichen. Auf die Frage *„Warum tust du nicht gleich alle 2 Bleche in den Ofen. Meine Mama macht das so“* versuche ich den Kindern den Unterschied vom normalen Ofen und vom Heißluftherd zu erklären. Beim Einräumen der Plätzchen in die vorbereiteten Körbchen entwickelt Greta eine eigene Strategie – im Kreis herum werden sie sorgsam übereinander gelegt. Dieses Angebot aus dem hauswirtschaftlichen Bereich war nebenbei eine Mathematik-, Deutsch- und Sachkundestunde, ein Lernen mit allen Sinnen so nebenbei und ganz ohne Lehrplan.

Verkaufsstand

Auf dem Marktplatz bauen wir während des örtlichen Flohmarktes unseren Verkaufsstand auf: Plakate und Fotos informieren die Passanten über den Bau des Schweinestalls: gemalte Bilder, getonte Schweine, Glückwunsch-

karten, Plätzchen. Nach der Arbeitsliste übernehmen die Kinder abwechselnd ihre Aufgaben. Mit der Glocke machen sie auf ihren Stand aufmerksam. Sie läuten und rufen: *„Schweinesachen zu verkaufen, wir sind die Kindergartenschweinekäufer aus Westheim!“* Sie trauen sich in und für die Öffentlichkeit zu sprechen, machen die Erfahrung, dass Geld verdienen mit Arbeit verbunden ist und sehen, dass ihre Werke etwas wert sind.
Jonas an der Kasse: *„Das Schwein kostet 1 Euro, das große kostet aber schon 3 Euro.“*

Bau des Schweinestalls

Planung

Unsere Schweine brauchen einen Stall. Jedes Kind malt einen Schweinestall nach seinen Vorstellungen. Leonid zeichnet die Einteilung innerhalb des Stalls mit einzelnen Boxen und Futternäpfen. Freya malt das Geschehen im und um den Stall. Es kommen gerade Ferkel zur Welt. Eines ist noch durch die Nabelschnur mit der Sau verbunden, ein anderes Schwein hat sich im Schlamm gesuhlt und reibt sich jetzt an einem Baum. Lena zeichnet einen Stall aus einzelnen Steinen gebaut mit einer offenen Tür. Es entstehen Ställe in allen Variationen, aus Stein oder aus Holz gebaut. Wahrnehmungen und vorhandenes Wissen werden zum Ausdruck gebracht.

Material

Wir schauen uns alle Planungen an, sprechen über die einzelnen Ideen und einigen uns über das Material. Die Mehrzahl der Kinder möchte den Stall aus Steinen bauen. Auf jeden Fall dürfen wir die Tür nicht vergessen, ein Fenster soll hinein und ein Dach darauf. Es wird ein Flachdach werden, weil das einfacher zu bauen ist.

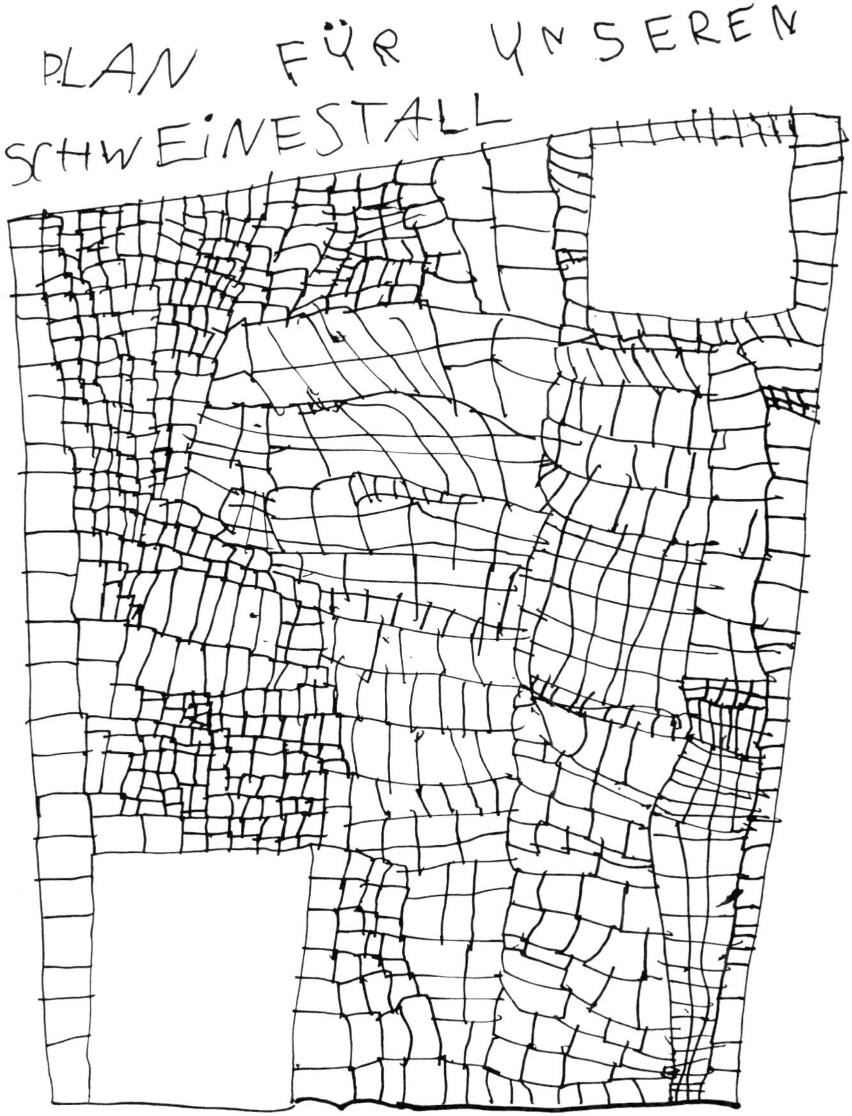
PLAN FÜR UNSEREN
SCHWEINESTALL

Lena und Laura zeichnen den entgültigen Plan für den Schweinestall. Viele kleine Steine werden aufeinander gesetzt, ein kleines Fenster kommt ganz oben hin, damit die Schweine es nicht kaputt machen können und sich nicht weh tun. Die Tür an der Seite bleibt offen. Die Kinder überlegen und treffen Entscheidungen zum Wohl der Tiere.

Was brauchen wir:
Freya: *„Viele Steine"*
Leon: *„und Zement. Wir müssen erst aufgraben."*
Jonas M: *„Sand brauchen wir auch und Kies"*
Freya: *„Und eine Mischmaschine!"*
Lena: *„Wasser!"*
Jonas M: *„Wir können das beim Obi kaufen!"*
Zement (Mörtel) und Steine holen wir vom Obi, Sand haben wir im Kindergarten, an Stelle der Mischmaschine nehmen wir Schubkarre und Hacke, um den Mörtel mit der Hand anzurühren.

Ein Modell entsteht

Nach dem gemeinsamen Plan des Schweinestalls bauen wir im Bauraum ein Modell in der Größe des richtigen Stalls. Die Kinder nehmen dazu große Plastikbausteine, als Bodenplatte dienen Holzbretter. Sie achten auf die geplante Tür und auf das Fenster, überlegen, wie der Türsturz gebaut wird. Da die Wand an manchen Stellen sehr wackelig ist, erkennen die Kinder die Notwendigkeit, dass alle Steine versetzt übereinander gesteckt werden müssen, um Stabilität zu erhalten.

Wir beginnen mit dem Bau unseres Schweinestalls

Zuerst graben wir auf einer Fläche von ca. 1 m auf 1,50 m eine Vertiefung, füllen Sand hinein und setzen Pflastersteine für den Boden des Stalls. Mit Spielzeug-Lkws transportieren die Kinder den Sand. Beim Pflastern achten sie darauf, dass alle Steine in der gleichen Höhe gesetzt werden. Neben körperlicher Betätigung nehmen die Kinder Größenunterschiede wahr, gleichen diese durch Verlagerung aus. Sie arbeiten konzentriert und ausdauernd.

Einkauf

Mit dem Hänger fahren wir zum Obi-Markt in die Stadt und besorgen Kies, Zement und Steine. Alle packen an und helfen mit. Die Steine sind ganz schön schwer und es kostet viel Kraft sie auf- und abzuladen. In der Teamarbeit funktioniert das prima. Zwei Kinder tragen die Steine herbei, zwei andere laden auf. Die Kinder arbeiten Hand in Hand. Jonas beim Abladen des Türsturzes: *„Der sieht ja aus wie ein Müsli-Riegel!“*

Jetzt wird gemauert

Jetzt geht’s los. Kies, Sand, Zement und Wasser werden zu Beton gemischt und die Grundplatte für das Mauerwerk betoniert. Auch das erfordert viel körperliche Anstrengung. Dann geht’s endlich ans Mauern. Mauermörtel mit Wasser anmischen, auftragen, Steine übereinander setzen, und darauf achten, dass die Löcher in den Steinen immer nach unten zeigen, damit sie auf dem Mörtel gut halten.
Malte: *„Ich mach die ‚Knete‘ drauf und du setzt die Steine.“*
Nachdem Luisa und Malte drei Reihen Steine gemauert haben, benutzen sie den Mauermörtel zum Formen von Klößen.

Jonas B. bemerkt zwischendurch: *„Ich glaube, der Mörtel ist zu weich, er läuft daneben."*

Der Schweinestall wächst von Tag zu Tag. Genau nach Plan bleibt die Mauer für die Tür offen. Auf der Höhe des Türsturzes bauen die Kinder ein Fenster vom Sperrmüll ein. Sie stellen es auf das Mauerwerk, um Maß zu nehmen, wie groß die Öffnung sein muss. Dann wird weiter gemauert.

Religiöse Geschichte *Vom verlorenen Sohn*

Auf dem Boden liegen zwei aus Tüchern gefaltete Häuser, ein helles und ein dunkles. Die Kinder sprechen zunächst ihre Vermutungen aus, was für Leute in diesen Häusern leben könnten, wie sie sich fühlen.
Zum hellen Haus: *„Da ist es hell – gemütlich – warm – schön – Licht – die Leute sind fröhlich – lustig.“*
Zum dunklen Haus: *„Da ist es kalt – dunkel – ungemütlich– die Leute haben Angst – schlechte Laune – weinen.“* (Jonas: *„Das ist das Gegenteil“*)
Zwei Wege verbinden nun die beiden Häuser miteinander und wieder sprechen die Kinder ihre Gedanken aus:
Julia: *„Damit sie vom dunklen Haus ins helle Haus gehen können.“*
Leon: *„Dass sie rausgehen können.“*
Jonas: *„Vielleicht gehören sie zu einer Familie.“*
Leon: *„Nachts sind die Leute im dunklen Haus und am Tag sind sie im hellen Haus.“*

Auf das helle Haus wird nun eine Kerze gestellt – warum?
Leon: *„Weil es da warm und hell und gemütlich ist“*
Malte: *„Dass man im Dunklen keine Angst kriegt.“*
Jetzt erzähle ich den Kindern die Geschichte *Vom verlorenen Sohn*. An der Stelle, als dieser das Vaterhaus verlässt, wirft Paula ein: *„Wenn man 18 ist, darf man für sich bestimmen!“* Die Kinder hören vom Schicksal des Sohnes, wie er auszieht, sein Geld ausgibt, in Saus und Braus lebt, kein Geld mehr hat und zuletzt mit den Schweinen essen muss. Sie stellen Vermutungen auf, ob ihn der Vater wieder aufnimmt, wenn er nach Hause kommt. Manche meinen nein, andere ja. Jonas: *„Er lässt ihn rein, weil er froh ist ihn wieder zu sehen.“* Die Kinder erzählen von sich zu Hause, wie Mama und Papa manchmal auf sie warten und Angst haben, dass etwas passiert ist.

Bei einem Fest wird alles geschmückt, so verzieren auch die Kinder diese Szene mit Legematerial.

„Was kann das Kind in dieser Geschichte ansprechen? Wo hält es sich in der Geschichte auf?
Es ist dem Kinde vertraut, dass es in einem Haus wohnt. Obwohl in der Geschichte zuerst eigentlich nicht von dem Zuhausesein gesprochen wird, sondern gleich von Weggehen, ist doch dieses Zuhausesein am Schluss sehr entscheidend, und das Kind kann in dieser Geschichte selbst mitgehen, weil es um diesen tragenden Grund weiß: Wer ein Zuhause hat, ist geborgen; er weiß sich geliebt. Er wird in die Arme geschlossen; er sitzt mit lieben Menschen um einen Tisch; er teilt das tägliche Leben mit ihnen.
Der Sohn geht fort. Auf seine Weise vollzieht das Kind auch dieses Weggehen von Zuhause. Es sucht Freunde, es geht in den Hof, es geht in den Kindergarten, es läuft sogar manchmal weit weg. Das Neue, Fremde, Unbekannte ist verlockend. So kann es zunächst das Fortgehen des Sohnes von Zuhause verstehen und mit ihm mitgehen.
Der Sohn tut in der Fremde Schlechtes. Wir fragen, ob ein Kind das verstehen kann? Ganz sicher, denn auch Kinder gehen oft still beiseite, um etwas zu tun, von dem sie ahnen, dass es nicht ganz recht ist, dass es die Eltern traurig macht. Das Kind wird auch manchmal von solchen Menschen hören, ihnen vielleicht sogar begegnen, denn es ist eine Realität unseres Lebens. Bei diesem Weggehen wird deutlich, wie sehr der Vater den Sohn freigibt und dessen Geschick nicht mehr in den Händen hält. Die Freiheit ist ein hohes Gut, dem die Eltern im Kind entsprechen müssen.
Durch die Not bedingt wird die Reue wach. Schlechtes Tun hat unerträgliche Folgen. So will der Sohn nicht weiterleben! Die Sehnsucht nach dem Vater wird wach. In dieser Weise kennt das Kind die Form der Umkehr wohl nicht.

Aber es hat sehr stark das Verlangen, die Einheit wieder herzustellen. Das ist der tiefe Inhalt von *Zuhause*.
Das Verwunderliche in unserer Geschichte ist – und da haben viele Kinder andere Erfahrungen – ‚dass der Vater wartet: Den ganzen Weg in der Ferne hat er den Sohn innerlich mitbegleitet und empfängt ihn nun voller Freude.
Jesus erzählt diese Geschichte, damit wir verstehen, wie viel größer als das Denken der Menschen die Liebe und Güte Gottes ist.“ (aus: Religionspädagogische Praxis 1985/2 alle Rechte bei RPA-Verlag, Landshut)

Wiesenauer Minischweine

Unser Wiesenauer Minischwein wird bei Familie Schwarz abgeholt. Es ist erst 3 Wochen alt und lernt gerade selbstständig zu fressen. Da unser Stall aber noch nicht fertig ist, wird es so lange bei der Erzieherin wohnen. Alle Kinder sind gespannt, besuchen es in ihrem Wintergarten und nehmen ersten Kontakt mit ihm auf. Es lässt sich schon streicheln. Die Kinder: *„Es ist süß – schwarz – nicht ganz schwarz auch ein bisschen rosa – zart – warm.“*

Das Minischwein erhält einen Namen

Wie soll es heißen? Die Kinder nennen Namen von anderen Kindern aus dem Kindergarten. Wir überlegen, ob wir ihm nicht einen Namen geben wollen, den es bei uns in der Kita noch nicht gibt. Dabei denken wir an die Namen unserer Eltern und Großeltern. Da unser Schwein ein Mädchen ist, suchen wir nach einem weiblichen Vornamen. Es kommen Vorschläge wie: Lore, Anni, Berrit, Rita, Erika, Angelina, Marlies, Gertrud, Helga, Emma, Hilde, Maria, Frieda, Harda usw. Lore, Gertrud, Frieda kommen in die nähere Auswahl. Zwischen Gertrud und Frieda entscheidet das Los. Die Wahl fällt auf Frieda. Damit Frieda nicht allein sein muss, wird noch ein zweites Minischwein besorgt: Hugo, ein männliches Tier. Hugo ist bereits kastriert, so dass wir keine Angst haben müssen, dass sich gleich Nachwuchs einstellt.

Video-Film *Rudi Rüssel, das Rennschwein*

In *Rudi Rüssel, das Rennschwein* erlebt eine Familie die tollsten Abenteuer mit einem Schwein. Der Film zeigt, dass Schweine intelligente, anhängliche und saubere Tiere sind.

Schweineskulpturen

Paula bringt Fotos von außergewöhnlichen Schweineskulpturen mit, die mitten in der Fußgängerzone von Seattle stehen. Die Kinder finden sie lustig, da manche von ihnen Schuhe an den Füßen tragen, Flügel am Rücken haben, Brille auf dem Kopf oder auf dem Motorrad sitzen.
Jannik: *„Die stehen ja mitten in der Stadt!“*

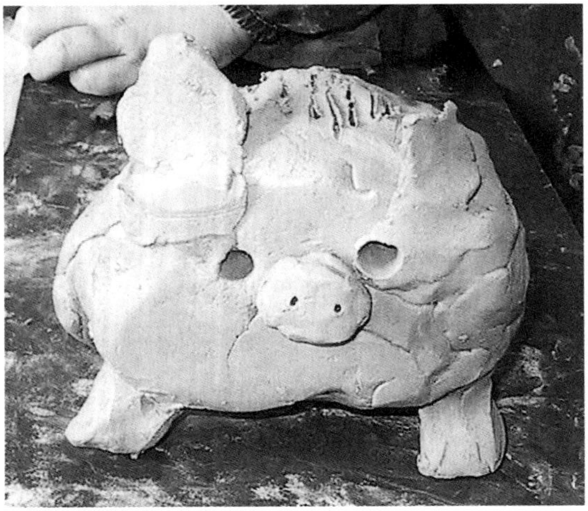

Lorena: *„Ich würde gern ein Wanderschwein in den Kindergarten stellen.“*
Fabian: *„Wir erfinden ein Autoschwein.“*
Freya: *„... oder ein Fliegerschwein.“*
Sophie: *„... oder ein Schiffschwein.“*
Alle Kinder schließen ihre Augen und stellen sich irgendein Fantasieschwein vor.

Paula: „… *ein Zauberschwein.*"
Jannik: „… *ein Rennschwein.*"
Fabian: „*Meins ist ein Goldschwein.*"
Lorena: „… *ein Königsschwein mit Krone.*"
Paula: „… *ein Geburtstagsschwein.*"

Ein Tag mit Picasso

Daraufhin schauen wir uns das Bilderbuch *Ein Tag mit Picasso* an. Neben seiner Malerei sehen wir Picasso als Tierliebhaber. Alle Mitbewohner erscheinen immer wieder in seinen Gemälden oder Skulpturen, so die Ziege Esmeralda in kubistischen Zügen oder als Skulptur, der Uhu als Kohlezeichnung, Katzen in allen Variationen. Dann fällt unser Blick auf einen Affen mit Kind. Beim genauen Hinsehen entdecken die Kinder, dass der Kopf des Affen aus zwei Spielzeugautos besteht, die Ohren aus abgebrochenen Henkeln. Diese Skulptur baute Picasso aus lauter Schrott. Unser Fantasieschwein soll ebenfalls aus alten Sachen, die nicht mehr gebraucht werden, entstehen. Da müssen wir nichts kaufen. Wir machen uns Gedanken, welche Dinge wir für das Schwein benötigen.
Lena: „*Wir brauchen einen Ringelschwanz.*"
Greta: „*Vielleicht könnten wir da einen Draht nehmen.*"
Sophie: „*Ohren brauchen wir auch.*"
Freya: „*Für den Rüssel könnten wir eine Dose mit Löcher nehmen.*"
Lena: „*Für den Kopf brauchen wir was Rundes, vielleicht einen alten Ball und für die Augen nehmen wir Knöpfe.*"
Lars: „… *oder Perlen.*"
Freya: „*Und was nehmen wir für den Bauch?*"
Leon: „*Vielleicht ein altes Fass.*"
Lorena: „… *oder eine Waschmaschine.*"

Lena: *„Eine Waschmaschine können wir doch nicht tragen."*
Jannik: *„Da brauchen wir einen Stabler!"*
Sophie: *„Oder alle Kinder müssen helfen!"*
Lorena: *„Einen Bauchnabel brauchen wir auch."*
Malte: *„Für die Brustwarzen nehmen wir Knöpfe."*
Greta: *„Für die Beine nehmen wir vier Stöcke."*

Fantasieschwein aus dem Sperrmüll

Unser nächster Ausflug führt uns auf den Sperrmüll. Mit dem Bollerwagen ziehen wir los. Gleich um die Ecke die erste Entdeckung: *„Hurra! Eine alte Wassertonne. Die nehmen wir für den Bauch!"* Die Buben laden auf. Immer wieder werden wir fündig: Wurstdosen für die Beine, Tennisschläger für die Ohren, Ruder für die Flügel, denn es soll ja ein fliegendes Schwein werden. Die Vielzahl an alten Gebrauchsgegenständen weckt bei den Kindern jede Menge Ideen. Freya findet den Einsatz eines Sterilisiertopfes: *„Da können wir doch einen Kerzenständer draus machen, wir malen ihn an und dann stellen wir Kerzen drauf!"* Wir beschließen, dass wir unseren Geburtstagskerzenständer daraus machen.
Im Kindergarten werden alle Gegenstände abgespritzt und gesäubert. Hier merken wir aus welcher Richtung der Wind weht, denn auch die Zuschauer werden nass. Es ist gar nicht so einfach, mit dem dünnen Wasserstrahl des Kärchers die kleinen Gegenstände zu treffen.
Was steht uns nun alles zur Verfügung? Wir planen unser Fantasieschwein auf dem Papier. Wie soll es aussehen? Die Kinder malen entweder ein ganzes Schwein oder sie zeichnen die Gegenstände, die gebraucht werden, einzeln auf das Papier.

LENA
JLIA
GRETA
LEON

Wie können wir unser Schwein zusammensetzen?
Jannik: *„Kleben. Aber mit was, ob Uhu hält, wir glauben nicht."*
Lorena: *„Wir nehmen einfach Klebeband."*
Und siehe da, es funktioniert! Alle Gegenstände werden mit Klebeband aneinander befestigt und mit Ölfarben angemalt. Wir mischen rot und weiß, denn unser Schwein soll rosa mit schwarzen Flecken werden.

Körperpainting

Das Bilderbuch *Na warte, sagte Schwarte* erzählt von Schweinen, die Hochzeit feiern, die Gäste jedoch stinken und auch ihre Kleider fehlen. Schwarte hat eine gute Idee und holt die Farbtöpfe. Alle Schweine bemalen ihren Körper mit bunten Kostümen. (Wir beschließen an einem Sommertag in Badehose zu kommen und uns auch mit Farben zu bemalen.)
Während der Geschichte singen alle Gäste für Schwarte und Ringelschwänzchen ein Hochzeitslied. Wir singen unser Schweinelied für sie. Zum Schluss der Geschichte fängt es an zu regnen und alle Farben laufen durcheinander. Wir raten, welche neuen Farben dabei entstehen, wenn sich Farben mischen.
Endlich ein heißer Sommertag! Wir erinnern uns an die Geschichte *Na warte, sagte Schwarte*. Körperpainting ist angesagt. Die Kinder ziehen sich aus und geben vor, welche Kleider gemalt werden sollen, vom Sommerkleid bis zum Indianer. Mit Farbe und Schwamm entstehen die Kostüme – ein angenehmes Gefühl auf der Haut. Dann kommt der Gewitterregen: Bei uns wird dieser durch den Rasensprenger ersetzt.

Wanderung zu Schnapsi, dem Hausschwein

Immer wieder besuchen Kindergartenkinder Frieda und Hugo bei der Erzieherin. Beide sind inzwischen in einen richtigen Schweinestall umgezogen.

Sie freuen sich, wenn sie von den Kindern gefüttert und gestreichelt werden. Da Schweine immer auf Futtersuche sind, lassen sie sich von den Kindern mit Salatblättern leicht anlocken und fressen aus der Hand. Freya sitzt mit einem Pfirsich im Gehege. Immer wieder versucht Hugo an ihr hochzuklettern, da er das Obst riecht.
Gretas Mama erzählt von einem Bekannten, der ebenfalls zwei Schweine besitzt. Wir könnten ihn einmal besuchen. Greta gibt diesen Vorschlag bei einem Treffen weiter: *„Herrmann hat zwei Schweine, die wohnen mit bei den Gänsen im Freigehege am Berg. Da können wir hin wandern."*
Wir planen unsere Wanderung mit dem Besuch der Schweine. Greta kennt bereits den Weg über den Berg und durch den Wald. Wie verhält man sich bei einem Besuch:

- Man sagt *„Grüß Gott!"* oder *„Hallo!"*
- Man bringt „was Kleines" mit: für das Schwein Obst, Gemüse oder Müsli – für den Gastgeber malen wir ein Schweinebild
- Man bedankt sich, wenn man geht

Nach den Vorbereitungen (Bild malen – Getränke, Würstchen und Brötchen besorgen – Termin festlegen), gehen wir los.

Wir wandern zu Hermanns Garten, um dort „Schnapsi", das Hausschwein, zu besuchen. Unterwegs entstehen viele Gespräche mit den Kindern. Sie entdecken Pflanzen und Tiere, verweilen bei Käfern und Schnecken. Stöcke sind ganz besonders interessant: als Wanderstab, zum Bohren, Klopfen und Bewegen. Manche Kinder sammeln gleich mehrere Stöcke und tragen diese kilometerweit. An einem Getreidefeld fühlen wir die langen Haare der Gerstenähre. Andere Kinder pflücken Blumen, darunter auch geschützte Pflanzen, wie z. B. die Akelei. Sie hinterfragen, warum diese Blume geschützt ist. So nebenbei im Gespräch erklärt Jannik, dass es im Wald auch Wildschweine gibt und die Sau *Bache* genannt wird. Das weiß er von seinem Vater. Dieser Begriff war uns bisher noch nicht bekannt. Wir begrüßen „Schnapsi", das Schwein. Wer einen Apfel oder Müsli dabei hat, darf es füttern. Einige trauen sich, es aus der Hand fressen zu lassen, andere sind vorsichtiger und werfen die Stücke auf den Boden. Das Schwein ist sehr zutraulich und lässt sich streicheln. Seine Haut hat nur kurze Borsten und fühlt sich an wie Leder. Es frisst und bettelt immerzu. Malte setzt sich mit einer Banane auf die Bank, um sie zu essen. Das Schwein riecht sie und bedrängt ihn solange, bis es die Banane erwischt. Alle Kinder versammeln sich um das Schwein und singen ihm ein Begrüßungslied *Eine große, dicke Sau* (siehe Seite 82). Der Gastgeber bekommt das gerahmte Bild geschenkt.

Richtfest – die Präsentation des Projekts

Der Stall hat die fertige Höhe erreicht. Wie geht's weiter? Nach dem Plan kommt jetzt das Flachdach.
Fabian: *„Wenn das Holz auf dem Dach ist, dann müssen wir ein Fest feiern. Da brauchen wir auch einen Baum."* Er meint das „Richtfest".
Lorena: *„Da brauchen wir Tische und Bänke."*
Fabian: *„Alle, die mitgearbeitet haben, werden eingeladen und die einziehen wollen, feiern auch mit!"*
Jannik: *„Da müssen wir ja die Schweine einladen!"*
Laura: *„Da brauchen wir auch was zu essen."*
Lorena: *„Schweinefutter, das müssen wir erst kaufen."*

Was fressen denn Schweine überhaupt? Die Kinder zählen auf: Gras, Salat, Rüben, Äpfel, Milch mit Brötchen, Jogurt, Bananen, Mais, Kartoffeln, also Obst und Gemüse. All das essen wir auch gerne. Wir beschließen, dass es an unserem Richtfest für die Schweine und die Menschen Karotten gibt,

Müsli, Bananen und Äpfel und verschiedene Salate. Hier erfahren die Kinder im Gespräch, dass die Schweine eigentlich alles fressen, bei uns aber nur vegetarisch ernährt werden.
Lorena: *„Bratwürste könnten wir noch machen, natürlich nicht für die Schweine, aber für die Großen.“*
Zu trinken gibt es Apfelsaft und Wasser. Zur Begrüßung werden wir unser Schweinelied singen und ein Flötenstück spielen. Eine Idee, eine Bemerkung löst die nächste aus.

Vorbereitungen: Dach und Außenputz

Bevor wir jedoch Richtfest feiern, beginnen wir mit dem Dach. Wie soll es aussehen, wer könnte uns helfen. Wir erinnern uns an Hundertwasser, seine Philosophie, von der wir im letzten Jahr hörten und denken an seine Aussage: Alles, was wir der Natur durch den Bau von Häusern wegnehmen, müssen wir ihr wiedergeben. Das Stück Wiese, das dem Stall weichen musste, kommt also auf das Dach, d. h. wir entscheiden uns für ein Grasdach. Vincents Papa kennt sich bestimmt aus, da er ein Bedachungsgeschäft betreibt. Ihn werden wir fragen.
Lorena: *„Dann müssen wir das Dach ja gießen!“*
Ob das nötig ist? Wir kommen zu dem Entschluss, dass in der Natur Wiese, Feld und Wald auch nicht gegossen werden. Das übernimmt der Regen.
Jonas: *„Der Stall muss noch verputzt werden und dann malen wir ihn an“.*
Was ist „verputzen“?
Freya: *„Mit dem Pinsel anstreichen.“*
Lorena: *„Nein, den Mörtel mit einer Maurerkelle glatt streichen!“*
Jonas Vater ist Verputzer, ihn fragen wir, was wir brauchen. Er bringt uns drei Säcke Fertigputz und das richtige Werkzeug. Nun kann’s losgehen: Putz anrühren – mit der kleinen Kelle auf die Große geben – an der Wand hoch-

ziehen – glatt streichen – nach kurzem Antrocknen mit einem nassen Pinsel drüberstreichen. Wir verputzen den Stall zuerst innen, da wir ohne das Dach noch stehen können. Der Außenputz erfolgt nach dem Dachaufbau.

Nun wird eine Holzplatte als Dach auf dem Stall befestigt und mit einer Folie abgedeckt. Das Dach wird begrünt! Mit Schubkarre, Pickel und Schaufel ausgerüstet gehen wir zu einem Erdhügel und holen die benötigte Menge Erde. Mit Hilfe von Eimern wird diese auf das Dach gekippt. Dabei arbeiten die Kinder wie am Fließband: zwei füllen die Eimer – zwei tragen sie zum

Stall – zwei sitzen auf dem Dach und leeren sie aus. Die Kinder erfahren, dass im Miteinander die Arbeit leichter und schneller zu bewältigen ist. Als letzte Schicht kommt noch etwas Blumenerde vom Gärtner auf das Dach. Das emsige Treiben der Kinder wurde vom Nachbarn beobachtet. Als das Dach fertig ist, bietet er uns Pflanzen aus seinem Steingarten an, die wir dankbar annehmen. Auch die Eltern tragen dazu bei, dass unser Dach bald begrünt ist.

Der Stall bekommt noch einen Anstrich. Da sich die Mehrzahl der Kinder für rosa entscheidet, stellen wir diese aus weißer Fassadenfarbe und roter Volltonabtönfarbe selbst her. Das Fenster gestalten die Kinder passend zum Kindergartengebäude nach „Hundertwassers Fensterrecht“. Sie entwerfen einen Plan, der dann farbgetreu auf das Haus übertragen wird. Fabians Papa druckt zum Bekleben der Scheiben zwei Folien mit „Hugo“ und „Frieda“ aus.

Vorbereitungen: Einladung – Baum schmücken

Jetzt können wir Richtfest feiern. Die nötigen Vorbereitungen werden getroffen:

- Einladung an die Eltern schreiben
- Baum schmücken
- Müsli einkaufen
- Einen Salat zubereiten
- Wer grillt?
- Haben wir genug Sitzgelegenheiten?

Freya: *„Kommen dann beide Schweine zu uns in den Kindergarten?“*
Erzieherin: „Ja“

Freya: *„Die haben sich jetzt aneinander gewöhnt, die können wir nicht trennen."*
Die Kinder erklären sich selbst, warum Hugo und Frieda zusammenbleiben dürfen: *„Weil dann hat die Frieda niemanden zum Spielen – und zum Fangenspielen, die rennen sich nämlich manchmal hinterher – da wäre die Frieda ja nachts allein – und sie wäre traurig!"*
Da Schweine normalerweise in der Rotte leben, dürfen die beiden zusammen bleiben.

Endspurt für das Richtfest! Es gehen Einladungen an die Eltern heraus, da das Richtfest gleichzeitig Präsentation des Projekts ist. Alle Kinder unterschreiben Einladungen mit ihrem Namen.
Die beiden Minischweinchen sollen sich bei uns wohl fühlen. Ihr Stall wird eingerichtet. Eine Strohschüttung bietet sich als Nachtlager und zum Zurückziehen an.
Fabians Oma besorgt den Baum für das Richtfest. Damit er nicht umfällt, stellen ihn die Kinder in einen Sandeimer. Aus verschieden farbigen Seidenpapieren binden die Kinder kleine Buschen, heften diese mit Hilfe eines Drahtes an den Baum und stellen ihn auf das Dach des Stalls.

Schlammloch

Die Kinder erinnern sich an die gemeinsame Planung zu Beginn des Projekts. Was fehlt den Schweinen noch? Natürlich – das Schlammloch. Mit Spaten und Schaufeln heben die Buben ein Loch im Freigehege aus und füllen es mit Wasser auf. Da das Wasser zunächst immer wieder versickert, müssen viele Wassereimer geschleppt werden. Mit den Händen verschmieren die Kinder den lehmhaltigen Boden, so dass das Wasser dann tatsächlich stehen bleibt. Bei hochsommerlichen Temperaturen probieren die Kinder das

Schlammloch aus. Zunächst ganz vorsichtig nur mit Händen und Füßen, dann wird es aber doch noch ein Ganzkörperschlammbad. Sich suhlen wie die Schweine, Erde spüren im nassen und trockenen Zustand, fühlen, wie der Lehm den Körper abkühlt, dann trocknet, rissig wird und abfällt, das sind Sinneswahrnehmungen, die nicht alltäglich sind. Rasensprenger oder Gartenschlauch übernehmen die Säuberung.

Verpflegung

„Etwas zu essen für die Schweine und die Menschen", so lautete der Wunsch der Kinder zum Richtfest. So bereiten die Kinder eine Jogurtspeise aus Äpfeln, Bananen und Jogurt zu. Alles wird ganz klein geschnitten. Wichtige Informationen über die Zubereitung des Futters für die Schweine erarbeiten und erklären sich die Kinder dabei selbst.
Sophie: *„Wir müssen alles ganz klein schneiden, damit nichts im Hals stecken bleibt, weil Schweine so schlingen, Schweine essen nämlich nicht so wie Menschen, die schlappern und schmatzen."*
Julia: *„Brötchen müssen in Milch eingeweicht werden, damit die Schweine schlappern und beißen können."*

Was fressen Minischweine?

Wie viel ein Wiesenauer an Futter braucht, kann man nicht sagen. Das Schweinchen sollte man lieber nicht fragen. Dessen Lieblingsfutter ist Viel. Wer gar keine Vorstellung hat, kann Minischweinfutter geben. Einmal am Tag gibt es die angegebene Menge. Ansonsten gilt die Faustregel: Zehn Prozent des Gewichts des Schweinchens an gehaltvollem Futter, einmal am Tag und das zu unregelmäßigen Zeiten, damit sich die innere Uhr nicht stellen kann.

Das Was ist bei weitem nicht so schwer wie das Wieviel. Gefressen wird alles außer das, was nicht gefressen wird und das wird vielleicht später doch noch gefressen. Die Speisenkarte geht über das gesamte vegetarische Angebot. Alles, was unter der Erde, über der Erde oder am Baum wächst, es gibt nichts, was ein Schweinchen nicht frisst. Fleisch bekommt das Minischwein nicht, darin lauert der Erreger der Schweinepest. Zwar stört der Erreger die Menschen nicht, das Minischwein allerdings kann davon schwer krank werden. Wir geben ihm von Tomate über Gurke, Bananen, Kartoffeln, Brot alles, was in den Sinn kommt. Auch Futter, in dem Gerste, Hafer oder Mais enthalten sind, bietet sich an. Mit Käse und Milch fühlt sich das Tier wie im Schlaraffenland. Dazu immer einen Napf mit frischen Wasser. Und sollte es tagsüber auf einer Wiese weiden, reicht ihm dieses Futter gewöhnlich aus. Nun, zumindest für seine gesunde Entwicklung. Was die Gier betrifft, bleibt es dabei – die ist nie zu stillen. (aus: Schwarz, Peter / Berger-Lenz, Monika: Alles über Minischweine, www.FAKTuell-Verlag.de, ISBN 3-8311-3016-7)

Hugo und Frieda ziehen ein

Dann ist es endlich soweit. Mit dem Richtfest ziehen Hugo und Frieda ein. Sie beschnuppern Freigehege und Stall. Die Jogurtspeise ist vorbereitet, Getränke und Brötchen besorgt, die Eltern bringen Salate mit, der örtliche Metzger spendet 60 Bratwürste. Zwei Väter übernehmen das Grillen. Das Richtfest ist gleichzeitig Präsentation des Projekts. Die Kinder eröffnen es mit dem Schweinelied. Ein kurzer Rückblick über den Verlauf des Projekts erinnert noch einmal an die vielen Erlebnisse und Selbstbildungsprozesse der Kinder. Jonas überreicht einen vegetarischen Geschenkkorb für Frieda und Hugo. Kinder sowie Eltern halten sich im Freigehege auf, streicheln, unterhalten und bewundern die Minischweinchen. Eine Ausstellung mit vielen großen Fotos über das Projekt, Kinderwerke und Gemälde lassen manches Gespräch über die pädagogische Arbeit der Einrichtung aufkommen. Für die Kinder ist dieses Fest der Höhepunkt des Projekts. Sie sind stolz auf das, was sie geschaffen haben. Sie präsentieren, erzählen und erhalten das Gefühl *„Ich kann etwas"*.

Siri feiert ihren 5. Geburtstag. Es muss unbedingt eine *Schweineparty* werden. Frieda ist eingeladen. Die Kinder bauen eine Beziehung zu den Tieren auf. Sie lassen sie teilhaben an ihrem täglichen Leben, schließen sie in ihre Gedanken, in ihr Spiel mit ein.

Versorgung

„Wer will heute die Schweine füttern?", so lautet die Frage täglich. Die Kinder übernehmen diese Aufgabe gerne. Sie fühlen sich verantwortlich für die Tiere. Mit Hilfe einer Liste wird der Fütterdienst geregelt, damit jeder einmal an die Reihe kommt. Die Kinder kochen Kartoffeln, weichen Brötchen ein, schneiden Obst und Gemüse klein, reiben Zucchini und Mohrrüben oder mischen Jogurt mit Müsli. Die Tiere erhalten einmal am Tag ihre Portion im Futternapf. Zwischendurch dürfen die Kinder z. B. ein Stück Apfel oder Salatblätter mit der Hand füttern. Zu Beginn wird das Füttern von einer Erzieherin unterstützt. Sie weist die Kinder an, das Futter immer auf die flache Hand zu legen, damit sie sich nicht verletzen. Wer sich nicht traut, gibt alles in den Futternapf. Das Selbstvertrauen wächst täglich.

Umgang

„Wie gehen wir mit den Tieren um?", so lautet die nächste Frage.

- Wir fangen die Tiere nicht.
- Wir rennen ihnen nicht nach.
- Wir gehen in die Hocke, reden mit ihnen, damit sie zutraulich werden.

- Wir streicheln sie.
- Der Stall ist Ruhezone für die Tiere.
- Wir kriechen nicht im Stall herum, damit das Bett der Tiere nicht zerstört wird.
- Wir können durch das Fenster in den Stall hineinsehen.
- Bis zu vier Kinder dürfen gleichzeitig in das Freigehege, damit es Hugo und Frieda nicht zuviel wird.
- Stall und Freigehege müssen sauber gehalten werden: Da Schweine sehr saubere Tiere sind und ihr großes Geschäft immer in die gleiche Ecke des Freigeheges machen, muss die Strohschüttung im Innern des Stalls nur ab und zu erneuert werden. Der Mist kommt entweder auf den Kompost oder in die Biotonne.

Öffentlichkeitsarbeit

Wir sehen uns nicht als einsame Insel, sondern suchen die Gemeinschaft mit dem Leben außerhalb des Kindergartens. Wir wollen eine Verbindung schaffen nach draußen, wollen die Welt, das Leben in unsere Einrichtung hineinholen.
Eine wichtige Rolle spielt dabei der Kontakt zur örtlichen Presse. Veröffentlichungen über Projekte unterstützen die Beachtung, den Wert und den Bekanntheitsgrad der Einrichtung, schaffen Interesse, rücken Fachlichkeit in den Vordergrund und machen die Arbeit transparent.

Artikel aus der örtlichen Presse

Auf den Artikel *Wir bauen einen Schweinestall* hin meldet sich Welle *Mainfranken Bayern I* bei uns und führt ein Interview mit den Kindern über die Schweine und das Projekt durch. Die Kinder äußern sich vor dem Mikrofon über die Lebensart der Schweine und singen ihr Schweinelied.

Der Regionalsender *TV Touring* aus Schweinfurt kommt mit einer Reporterin und einem Kameramann in den Kindergarten. Nach den Aufnahmen während der Fütterung und den Erläuterungen zum Bau des Schweinestalls zeigt der Kameramann den Umgang mit der Kamera und überträgt alles sofort auf den Monitor.

Literaturtipps:

Baumgart, Klaus: Rosa will ein Schwein sein. Baumhaus Verlag, Frankfurt 2000

Behncke, Waldrun: Gottfried, das fliegende Schwein. Beltz & Gelberg, Weinheim 1999

Brandt, Susanne / Garbert, Jutta: Familie Schwein macht rein. Esslinger Verlag, Esslingen 2001

Brezina, Thomas: Ein Schwein zum Knutschen. Ravensburger Verlag, Ravensburg 1996

Falconer, Ian: Manege frei für Olivia. Oetinger Verlag, Hamburg 2002

Flieger, Jan: Das Glückschwein und andere Taschengeldgeschichten. Verlag Egmont Franz Schneider, München 1999

Fries, Claudia: Ein Schwein zieht ein. Baumhaus Verlag, Frankfurt 2000

Heine, Helme: Na warte, sagte Schwarte. Beltz & Gelberg, Weinheim 2003

Kästner, Erich: Das Schwein beim Friseur und andere Geschichten. Dressler Verlag, Hamburg 1991

King-Smith, Dick: Schwein gehabt, Knirps! Fischer Verlag, Frankfurt 1996

Kullermann, Sabine: Rosalie das Schwein ist weg! Esslinger Verlag, Esslingen 2003

Langreuter, Jutta / Hebrock, Andrea: Hier, mein Bauchnabel. Ars Edition, München 1999

Merz, Christine / Gotzen-Beek, Betina: Ein Schwein für Lea. Kerle Verlag, Freiburg 1998

Nickel, Corinna: Fredy und Frida. Baumhaus Verlag, Frankfurt 1999

Saxby, John: Die Abenteuer von Eduard Speck. dtv Verlag, München 2000

Schwarz, Peter / Berger-Lenz, Monika: Alles über Minischweine. www.FAKTuell-Verlag.de, ISBN 3-8311-3016-7

Weitere Informationen:

www.minischweine.de

Quellen

S. 9: Reinhard Knauer/Petra Brandt: *Ich schütze nur, was ich liebe*, aus: Reinhard Knauer/Petra Brandt: Kinder können mitentscheiden, © Luchterhand Verlag, Neuwied 1998

S. 17: Erika Kazemi-Veisari: *Offene Planung ermöglicht ...*, aus: Erika Kazemi-Veisari: Offene Planung im Kindergarten, © Verlag Herder, Freiburg 2. Auflage 1997

S. 20: Maria Förster: *Welt entdecken und erleben*, aus: Bayrischer Landesverband katholischer Tageseinrichtungen für Kinder e.V., Jahrbuch 2000, Zeichen des Aufbruchs, München 2000

S. 46: *Die Schnecke*, aus: Schmeil: Tierkunde, © by Quelle & Meyer, Heidelberg, Wiesbaden 1981

S. 82: *Eine große, dicke Sau*, aus: Rosenmarie Hetzner, Wolfram Menschick, © Rosemarie Fröhlich, Bad Wörishofen

S. 97–99: *Vom verlorenen Sohn*, aus: Religionspädagogische Praxis, Handreichung für elementare Religionspädagogik, Jhg. 1985 Nr. II, S. 21 „Was ihr dem Geringsten“ alle Rechte bei RPA-Verlag, Landshut

Was Kinder wissen wollen

- Können Steine schwimmen?
- Wohin verschwindet das Wasser, wenn die Pfütze trocknet?
- Wie sieht es auf dem Mond aus?
- Können Wolken fliegen?
- Wo kommen denn die Luftblasen im Wasser her?

Irmgard Burtscher: Natur- und Himmelsforscher, ISBN 3-7698-1389-8

Jakobine Wierz: Vergangheitsforscher, ISBN 3-7698-1372-3

- Wie sah der Kindergarten von Oma und Opa aus?
- Gibt es die Schule noch, in der Mama war?
- Wie hat unser Dorf, unsere Stadt früher ausgesehen?
- Womit haben die Leute früher am liebsten gespielt?
- Und was ist denn ein Tante-Emma-Laden?

- Welche Zeichen gibt es in unserer Kita?
- Welche Zeichen finden sich in unserer Straße?
- Wie habe die Menschen geschrieben, als es noch keinen Computer gab?
- Wie schreiben die Menschen in anderen Ländern?
- Wer hat eigentlich die Buchstaben erfunden?

Heike Tenta: Schrift- und Zeichenforscher, ISBN 3-7698-1373-1